脱贫致富的乡村典范
——军营村

戴嘉树 吴 琼 郑敬夫 白伟辉 ◎ 著

武汉大学出版社

图书在版编目（CIP）数据

脱贫致富的乡村典范：军营村／戴嘉树等著．—武汉：武汉大学出版社，2022.2

ISBN 978-7-307-22874-0

Ⅰ.脱… Ⅱ.戴… Ⅲ.农村—社会主义建设—研究—同安区 Ⅳ.F327.575

中国版本图书馆 CIP 数据核字（2022）第 013975 号

责任编辑：周媛媛　　责任校对：牟　丹　　版式设计：中北传媒

出版发行：武汉大学出版社　　（430072　武昌　珞珈山）
（电子邮箱：cbs22@whu.edu.cn　网址：www.wdp.com.cn）
印刷：三河市天润建兴印务有限公司
开本：710×1000　1/16　　印张：12.75　　字数：150 千字
版次：2022 年 2 月第 1 版　　2022 年 2 月第 1 次印刷
ISBN 978-7-307-22874-0　　定价：56.00 元

版权所有，不得翻印；凡购我社的图书，如有质量问题，请与当地图书销售部门联系调换。

时代的缩影（序）

李泉佃

作为地处厦门的高校，近年来集美大学乡村文化研究中心团队在戴嘉树主任的带领下，将乡村文化的研究投向厦门市同安区，在同安区委区政府的支持下，启动"同安乡土文化丛书"大型系列丛书编撰工作。目前他们已编撰了三本，分别为《脱贫致富的乡村典范——军营村》《特区高山样板——白交祠村》《独特的乡村文化形态——竹坝农场》，并已陆续付梓。

利用辛丑年春节假期，我把这套近70万字的著作浏览了一遍，深感这是一套紧扣时代脉搏，客观、系统、全面地反映军营村、白交祠村和竹坝农场（竹坝华侨农场）这三个村（场）的自然、政治、经济、社会、人文诸方面的历史与现状的佳作。

"同安乡土文化丛书"主笔戴嘉树主任让我作一篇序。同安是我的第二故乡，而且于我而言，缘分就是一次奇妙的旅行，让我与同安再次交集；我对同安的情况应当说是有所了解，比如，书中着墨的军营村、白交祠村、竹坝农场等，我曾数次踏足；但要真正落笔写序，仍是颇费思量。考虑许久，我觉得还是从书中写到的三个村（场）和"同安乡土文化丛书"两个方面简约谈一点自己的感受。

首先，三个村（场）是同安区十分寻常的村庄。论面积、人口，三个村（场）在同安区的80余个行政村中，都不算大、不算多；论经济实力，它们也远不及同安区的一些沿海村；论知名度，它们在相当长的时间里，也是榜上无名，或者叫"养在深闺人未识"。尤其是军营村、白交祠村，虽然它们是厦门市海拔最高的行政村，但在人们的印象中，也不过是同安区西北部偏僻的山旮旯。

当然，与全国无数个乡村一样，沐浴着改革开放的春风，三个村（场）同样行进在中国特色社会主义的康庄大道上；那里的村民（场员）也和亿万中国农民一样淳朴善良，用勤劳的双手，一天天改变着村（场）的面貌。

但是，三个村（场）又是同安区非同寻常的村庄。

一个众所周知的原因是，军营村、白交祠村是让习近平总书记牵肠挂肚的两个山村。

历史不会忘记，1985年6月，习近平同志从河北省正定县委书记的岗位上调到厦门工作，担任中共厦门市委常委、副市长。在厦门工作期间，习近平同志直接挂钩联系厦门市最边远、最贫困的老区山区村——莲花镇军营村和白交祠村。

1986年4月7日，习近平同志沿着弯弯曲曲的羊肠小道，风尘仆仆地首次来到军营村、白交祠村访贫问苦，与村干部共商脱贫致富大计，提出了"山上戴帽、山下开发"的全新发展理念。

1998年10月16日，时任中共福建省委副书记的习近平同志再次走进军营村、白交祠村，提出要搞好教育，提升村民文化水平；大力发展经济，提高村民收入水平。

习近平同志到中央工作之后，仍然时常挂念厦门老区边区的发展情况。2010年春节，时任中央政治局常委、中央书记处书记、国家副主席的他，还专门向厦门市领导询问了军营村、白交祠村的发展情况。

习近平同志的两次视察和多次关心，为军营村、白交祠村的发展指明了方向。30多年来，两个村子的人民遵循习近平总书记的谆谆教诲，发挥艰苦奋斗、自力更生的精神，走上了经济、文化、社会全面快速发展的快车道，成为福建省和厦门市"百姓富、生态美"的明星村庄和新农村建设的典范村庄。

竹坝农场之所以成为明星村庄，一个鲜为人知的原因是它的特殊性。20世纪60年代以来，这个仅十多平方千米的农场，担负着特殊的使命，陆续安置了来自印尼、越南、柬埔寨、泰国、缅甸、新加坡、马来西亚、菲律宾的5000多名归侨，所以，竹坝农场一度被称作华侨农场，但几乎长期不为外人所知；20世纪70年代、90年代，竹坝农场还先后安置了山美水库和三峡水库的移民。华侨带来了异国的风情舞蹈、南洋美食、斑斓服饰、风土人情，以及有别于本土的人体、语言等特征，对于研究东南亚国家的民俗文化，领略异国风情具有重要的意义；而其他省份的移民也带来了当地的民风民俗。侨民、移民、原住民的交融，形成了竹坝农场独特的乡村文化形态。

当然，我更愿意将"同安乡土文化丛书"看作三个村（场）的演变史。

在我看来，乡村文化人，应该深植于乡村厚土，懂得农民的喜乐哀愁，有着强烈的文化自觉和历史使命感，这样才能让文化"留下来"。作为一部演变史，"同安乡土文化丛书"有着厚重的历史感。

"同安乡土文化丛书"按照详今略古的原则，全面记述了三个村（场）自然、政治、经济、文化、社会等各个方面的历史与现状，史料翔实，内容全面，文笔洗练；书中有自然演变、农事活动、时代更迭、民风民俗、家族谱系、历史事件、历史古迹、人物传略等内容,可以说是一套完全符合一般志书要求的乡村志。

有关军营村、白交祠村的历史,"同安乡土文化丛书"就提及,明末清初,郑成功以控制东南沿海地区的海外贸易为经济基础,以厦门、金门为抗清复明的基地,修筑了多处城寨作为驻扎和训练军队的营地,如高崎寨、嘉兴寨、集美寨、龙头山寨等,成为这一时期厦门城寨的一个特点。近年来,人们在厦门同安区莲花镇西北部的军营村、白交祠村等村落相继发现许多古寨遗址和废弃的烽火台,更有甚者在军营村中发现了埋藏很久、类似明清年代的喂马槽,不禁让人对军营村的名称由来与郑成功安军扎营的历史联系产生了无限遐想。

尤其是对于军营村名称的由来,有很多种说法,但却无人可以拿出确切依据。为此,"同安乡土文化丛书"的作者走访了当地老人,据他们回忆,该村建村历史应该可以追溯到四五百年前,恰好与明末清初这个时间节点吻合,虽然现存的相关记载和历史遗物已经很难考证,但"同安乡土文化丛书"作者大胆地做出以下分析:军营村位于同安区莲花镇西北部,与漳州长泰、安溪大坪成犄角之势,紧邻南安市,地理位置十分突出,可想而知作为当初东南沿海地区防御的军事基地的可能性非常大。况且军营村村庄坐落处地势平坦,视野开阔,非常适宜驻扎军队和作为训练军队的营地;再加上周边地势高峻险要,易守难攻,是军队安营扎寨的理想选择。

相对而言,竹坝农场的史料就比较欠缺了。2006 年,我还在报社工作期间,曾读过《华声报》上的一篇文章,题目叫《在同安竹坝华侨农场的岁月》。作者写到,当时只有五六岁的他,随父母从印尼辗转广州,再到同安竹坝农场。当时,竹坝不见大树,只长茅草,一片光秃秃的山丘。农场硬是平整出一片片地来，并种上了日后成为农场支柱产业的龙眼树。为了解决孩子们的读书问题，先是借用当地废弃的养猪场，直至1961年，农场的大礼堂建好了，学校才搬回农场。当时的大礼堂，没有隔墙，从一年级到六年级，都挤在一块。到1962年，农场才有了真正意义上的小学。

诸此种种，"同安乡土文化丛书"作为学术性著述而非文学性作品，虽然无法描绘得更为丰满、细腻，但作者历尽艰辛，面对汗牛充栋的史料，或整理，或访谈，或口录，像从浩瀚大海里捞起了一枚枚贝壳，而这一枚枚精美的贝壳，则是三个村（场）宝贵的精神财富，是走出家乡远离故土的人们认识家乡、了解家乡的特殊礼物。特别是对后代子孙，"同安乡土文化丛书"就更是他们将来缅怀先人、寻根觅祖的可靠依据，仅凭这一点，我就对作者充满了深深的敬意！

一个时代有一个时代的文化。当代同安农村正经历着广泛而深刻的历史变革，也正在进行宏大而独特的脱贫攻坚和乡村振兴的实践创新。作为一部演变史，"同安乡土文化丛书"又呈现出鲜明的时代感。

军营村、白交祠村是古老而又年轻的村庄。两个村子位于厦门、漳州、泉州三市交界的地方，海拔1000米左右，云雾游离在重山之间，宁静雅致，舒爽怡人，人文资源、自然资源十分丰富。但在中华人民共和国成立前，漫长的封建统治，风雨飘摇，苛捐杂税繁多，留给村民的只是贫穷和荒凉；即使到了20世纪八九十年代，由于它们是全市海拔最高、最偏远的村子，仍然是厦门经济特区的偏僻穷山村。

同样，竹坝农场虽然素有"小联合国"之称，但从建场归属国务院侨联管理直至1997年下放到地方之前，农场的发展仍然以种植果树为主，仍然实行公社化时期的"一平二调"（即平均主义、无偿调拨）政策，产业发展单一，文化生活单调，职工生活也十分清苦。

改革开放后，尤其是党的十八大以来，三个村（场）认真学习贯彻落实习近平总书记关于脱贫攻坚以及乡村振兴系列重要讲话精神，尤其是遵循习近平总书记"乡村振兴既要塑形，也要铸魂"的重要指示，在推进乡村文化振兴"铸魂"的过程中，始终牢记产业兴旺、生态宜居、乡风文明、治理有效、生活富裕的总要求，致力于通过特色文化与现代农业的深度融合，走"农、文、旅"结合的绿色发展路径，催发"产业兴旺"这一乡村振兴核心动力，最终实现"生活富裕"的乡村振兴目标。

以竹坝农场为例，党的十九大后，他们与厦门国贸控股集团有限公司开展紧密合作，以侨文化为核心，通过南洋风情建筑等硬件提升、特色歌舞文化等软件培育，开展"铸魂"工程，并依托成熟的现代科技农业资源，打好"侨牌"和"农牌"，推动文化旅游与现代科技农业融合发展，为农民的转产就业和增收搭建平台，给农民带来最直观的幸福感和获得感，先后荣获全省侨务工作先进单位、省级休闲农业示范点、省级安全社区、福建省乡村旅游休闲集镇等荣誉称号。

同样，军营村、白交祠村良好的村容村貌、配套的生活设施、整洁的环境卫生、独特的文化品牌，也使昔日的穷山村，蜕变成福建省和厦门市"百姓富、生态美"的明星村。所以，从这个意义上看，总书记"山上戴帽、山下开发"的嘱托与"绿水青山就是金山银山"的发展理念是一脉相承的，都是我国乡村振兴战略的伟大实践。

总之，"同安乡土文化丛书"既生动再现了改革开放后三个村（场）的沧桑巨变，也再现了乡民在历史巨变中的思想感情、心理状态和理想追求，从而唱响了共产党好、社会主义好、改革开放好的主旋律；是一部让人们从更深层次认识如何用文化为乡村振兴"铸魂"的极好教材，人们可以通过它追踪历史、着眼现实、规划未来，推动社会主义新农村文化建设。

古往今来多少事，尽在长河大海中。三个村（场）历经社会变革和人间沧桑，留下了丰富而鲜明的时代印记。重塑乡村文化生态助力乡村振兴，"同安乡土文化丛书"见微知著，不仅可以让人感悟三个村（场）的变迁史，又能让人从它们的发展轨迹中看到一个国家向前跨越的矫健步伐，听到一个时代进步的厚重跫音。

古同安，今厦门。厦门的历史文化在同安，拥有1700多年历史的"古同安"为厦门留下了太多珍贵的历史和文化遗迹，用千年古县文明滋养着百年鹭岛。今天，作为厦门市农村面积最大、农业人口最多的行政区，同安是厦门实施乡村振兴战略的主战场，乡村振兴伟业的种子正在这片热土上播撒。作为我的第二故乡，我对同安怀有深厚情感，希望看到戴嘉树团队能够更好地发挥集美大学(同安)乡村振兴研究中心的产学研基地、学生实践基地功能，将编撰"同安乡土文化丛书"这样烦琐、细致却非常有意义的工作覆盖到同安的每一个村庄，将我们千百年来积淀的磅礴时代浓缩进来。

是为序。

辛丑年春节

（作者为厦门市委宣传部原副部长、厦门日报社原党委书记、社长）

目 录

第一章 追根溯源——军营村的古往今来 ··················· 1

第一节 军营村的地理区位 ······························· 3
一、地理位置 ······································· 3
二、军营村的形成及村名由来 ······················· 3
三、自然环境 ······································· 7
四、军营村的水陆交通状况 ························· 8
五、军营村的行政区划变革史 ······················· 9

第二节 军营村的主要宗族溯源 ·························· 11

第三节 军营村历史资料 ································ 18
一、苏氏 ·· 18
二、苏氏家训 ······································ 19
三、高氏家训 ······································ 19
四、《苏颂传》原文 ································ 20

第二章 迩安远至——军营村的指明灯 ... 23
第一节 军营村发展的"初心之路" ... 25
第二节 "五位一体"总体布局的统筹发展 ... 29
第三节 乡村振兴战略的引领 ... 36

第三章 破茧成蝶——军营村的经济发展 ... 41
第一节 军营村脱贫工作发展概览 ... 43
一、"山上戴帽，山下开发" ... 43
二、军营村的基础设施建设 ... 46
第二节 军营村主导产业与特色产业的融合发展 ... 49
一、念好茶叶这本经 ... 49
二、"一村一品"：特色产业品牌建设的具体实践 ... 60

第四章 一河碧水映青山——军营村的生态整治 ... 69
第一节 整治村容村貌 改善乡村环境 ... 71
第二节 深入推进"一革命、四行动" ... 76
第三节 村民自身文明观的改变与建设 ... 78

第五章 文化创新——军营村的文旅之路 ... 81
第一节 军营村的特色民族文化 ... 83
一、莲花褒歌唱响非遗民俗 ... 83
二、祭祀礼仪唤起神秘文化 ... 92

三、红砖燕尾建筑别样风情 ································· 100
　　四、闽南婚俗奏唱喜庆韵味 ································· 107
　　五、乡野茶缘再现茶艺文化 ································· 109
第二节　军营村的乡村旅游品牌 ································· 111
　　一、红色文化助力乡村旅游 ································· 113
　　二、旅游"绿"起来 ······································· 121
　　三、星空产品 ··· 124
　　四、特色民宿创新旅游形式 ································· 129
　　五、影视基地的延展建设 ··································· 141

第六章　展望未来——军营村的文旅活化策略 ··············· 145

第一节　高山特色文化基地的打造 ······························· 147
　　一、设立高山学堂，实现红色资源共享 ······················· 147
　　二、搜寻红色印记，共享红色故事 ··························· 149
　　三、创新讲学模式，共谋红色发展 ··························· 150
第二节　开发研学基地，助力红色精神传承 ······················· 154
　　一、发掘军营精神，打造特色营地 ··························· 154
　　二、制定研学课程，融合学校教育 ··························· 157
　　三、联动白交祠村，形成红色研学区域合作 ··················· 161
　　四、设计研学产品，重视军营村品牌的塑造 ··················· 163

第三节 文创产品的设计与打造 ·············· 169
  一、设计吉祥物周边文创产品 ················ 169
  二、开设军营村文创体验馆 ·················· 171
  三、挖掘高山晚间娱乐新内涵 ················ 172
  四、打造军营村节日文化 ···················· 175

参考文献 ··· 181

后　记 ·· 187

第一章

追根溯源——军营村的古往今来

第一节 军营村的地理区位

一、地理位置

军营村位于厦门市第二高峰状元尖脚下，海拔1000米左右，四周群山环绕，于山坳难得的平坦开阔地建村，是一个名副其实的高山村。军营村同时也是厦门市同安区莲花镇的下辖村，位于莲花镇的西北部，地处厦门、漳州和泉州的交界处，具有十分重要的地理位置。

二、军营村的形成及村名由来

说起军营村的历史，就不得不提到一个人——郑成功。

其实在福建省，尤其是厦门市，郑成功留下的影子可谓比比皆是。郑成功于清顺治七年（1650年）开始掌权厦门岛，面对这个百废待兴的沿海小岛，郑成功没有灰心，而是提出了一系列举措，使厦门改头换面。

在经济方面，郑成功结合自身军事实力对厦门进行了强有力的建设和改革，他规划了多条切实可行的海上航线，与亚太地区的日本、东南亚各国有贸易往来。在财务核算上，郑成功也同样予以重视，设立了"裕国库"和"利民库"对来往的洋船进行系统的组织和管理。此外，为了使来往贸易更具有条理，管理更加得当，郑成功在厦门及周边地区设有"海路五商"，对出口物资的派送航运进行管辖；在杭州及周边地区设"山路五商"，对物资采购进行统筹安排。

在文化方面，郑成功也毫不松懈。张水源在《"通洋裕国"与闽中北的对外开放》中写道："郑成功在厦门城内'设储贤馆，以前所试诸生'充之，'设育胄馆，以死事诸将及侯伯子弟'充之，'令思明州知州邓会劝学取士'，此二馆的设立是为国育材，与明代的国子监相类。"这一系列的措施足见郑成功提高厦门人民文化水平的决心和对人才培养的重视。

可以说，郑成功对于厦门的管理和领导，在很大程度上提高了厦门的政治和经济地位，使厦门岛内的经济、文化事业得到了很大的发展和提升。同时，正是郑成功在厦门时所采取的一系列强有力的经济措施，使厦门终于能够充分发挥其作为重要的港口城市的作用，与周边各地的贸易往来得到大大加强，提升了厦门在沿海城市中的地位，使厦门的国际知名度日趋增强。在此基础上，厦门也成功成为福建省在继福州、泉州、漳州等港口贸易城市后的又一新星，在中国对外贸易中大放异彩，对福建省乃至全中国的贸易活动都具有一定的影响力。

明末清初，郑成功以东南沿海地区的海外贸易为经济基础，以厦门、金门为抗清复明的基地，修筑了多处城寨作为军队驻扎和训练的营地，如高崎寨、嘉兴寨、集美寨、龙头山寨等，成为厦门地区城寨的一个特点，彼时的军营村因为其特殊的地理环境，也作为一个哨所被列入其中。这一点，也在近年来在军营村相继发现的许多古寨遗址、废弃的烽火台以及埋藏了很久、类似明清年代的喂马槽中得到了很大程度上的佐证。

军队的驻扎为这个小村庄增添了许多生气，士兵们由于日常生活所需，帮助当地村民开垦荒地，使这个破败的小荒村慢慢扩大规模，各方面都得到了一定的发展，"军营"二字从此作为村名流传下来。改革开放以前叫军营堡，改革开放以后改为军营村。

从地位和作用来看，彼时的军营村的功能是单一而又重要的，因为军营村地处厦门市、漳州市和泉州市三处交界，而这三个地方是当时郑成功在闽南的重要据点。厦门市、漳州市和泉州市作为沿海城市，是当时重要的交通枢纽和货运港口，而在清朝实施海禁政策后，郑成功更是独占了当时的海上贸易。他充分利用港口优势，大力发展海外贸易，经常派遣商船到东南亚各国进行贸易，以换回刀剑、盔甲等重要的军备物资和必要的生活用品。可以说，郑成功很大一部分的财政收入是通过海上贸易所获得的，这也为郑成功长期与清政府做斗争提供了重要的物资来源和资金支持，所以郑成功对此三地的看重并不是毫无根据的。

在当时的历史背景下，郑成功在厦门、漳州、泉州这三地的据点并不能说是绝对安全的，因为郑成功始终不肯向清廷低头，始终致力于反清复明，所以清朝的统治者对于郑成功所采取的政策也由一开始相对温和的

"招安"转而演变为后期强硬的武力镇压。在清廷的强力压迫下，郑成功的部分部下和亲属产生动摇并投降清政府……内忧外患下，郑成功所面临的局面可谓凶多吉少。因此，对于厦门、漳州和泉州这三个重要地区的全面把控就显得尤为关键。郑成功能屡次从清政府的手中冒险夺回厦门、漳州、泉州三地，虽然与其足智多谋、骁勇善战有很大关系，但也不能忽视其前期所修建的警戒处的重大作用。正是由于各警戒处消息的传送及时，才能使军队可以及时获知敌军动态，从而采取相应的措施应对。而在这些警戒处中，地处厦门、漳州、泉州三地交界的军营村所发挥的作用不言而喻，它无疑为三地之间军情的及时传递提供了极大的便利，这是其他各处的警戒处所不能代替的。

郑成功与清廷的对抗在清顺治十八年（1661年）康熙帝继位后，达到不可调和的顶峰。在当时的郑氏降将黄梧的献策下，清政府实行了一系列最严苛的条令来断绝郑成功的经贸来源，对投诚的官兵实行移驻和分垦荒地的政策，瓦解郑成功的控制；另外，其父郑芝龙也被下令斩杀，甚至连郑氏祖坟都没能幸免，被清廷下令挖掘损毁。在接连的打击下，本就在中国台湾地区疲于作战的郑成功于1662年患急病而亡，年仅39岁。

随着郑成功的离世，郑成功执掌厦门、漳州、泉州的时代渐渐远去，但人们没有忘记郑成功在厦门、漳州和泉州时做出的巨大贡献。郑成功踏过的足迹成为闽南的名胜古迹，郑成功文化节已成为海峡两岸民间交流与交往的有效平台。郑成功大力发展海外贸易，所采取的一系列有利于当地经济发展的措施使当地居民的生活得到极大的改善，惠泽后人。可以说，他是中国对外开放的先行者,也是厦门、漳州、泉州三地人民永远不会忘怀的民族英雄。

三、自然环境

军营村是个山区盆地村,属于南亚热带海洋性季风气候,气候温暖,雨量充沛,热量充足。冬天寒冷但无严寒,夏季炎热但无酷暑,秋季凉爽宜人,春季晴雨多变;年平均气温21℃,最冷月平均气温12.8℃,最热月平均气温28.4℃;年平均降水量1467.7毫米❶。军营村分布最广的土地类型是红壤,土层较浅,不适宜种植大树,却很适合茶树生长,再加之光照充足、降水丰沛,更为植物的生长提供了良好的条件。因此,军营村最具特色的经济性作物便是茶树(见图1-1)。

图 1-1 军营村的茶山

---

❶ 同安县地方志编纂委员会.中华人民共和国地方志·同安县志(上)[M].北京:中华书局,2000.

此外，军营村还分布有多种典型的自然植被，如马尾松、相思树、杉木等树种，森林覆盖率为42.6%，自然生态环境良好。

作为一个环境优美、植被丰富、生态环境良好的小山村，军营村可以说是一个十分适合居住、景色怡人的好地方。

四、军营村的水陆交通状况

军营村位于厦门的西北部，虽然地处山区，但仍修建有乡道上西线。上西线起自东始线上的上陵，盘山偏西北而上，经军营（方向）、茶场、白交祠至西坑，全长23.9千米，中后段有岔路分至军营村，多班次的公交车连接市区与军营村，如606路、637路等公交，都可直达军营村，十分便利。

其实，不仅是军营村，古同安县自古以来水陆交通就十分发达，单是西汉至清末，修建的以县治为中心、辐射四方的古道干支线共有14条，总长达438里（219千米）。而自1922年至1996年，就修建了615.8千米的公路，构成四通八达、连接各地的陆路交通网。古同安县的水运也同样有着得天独厚的优势。古同安县水运内海航运与运河相连接，早在晚唐五代，刘五店、莲河、澳头等码头就有海船集散。

"要致富，先修路。"可以说，如此快捷、便利的水陆交通是同安区经济迅猛发展的重要原因，发达的交通联络网不仅便于货品的水陆运输，促进经济发展，而且还带动了区域内旅游业的发展，军营村的旅游资源能够得到充分开发与稳定运行，与当地便利的交通是分不开的。

五、军营村的行政区划变革史

军营村隶属于同安区莲花镇，同安最早于晋太康三年（282年）置县，后又于同年并入晋安县，历史十分悠久。

自晋朝置县以来，同安的隶属几经变化。南朝宋时，最终改晋安郡丰州同安为南安郡晋安县地；隋朝时，改丰州为泉州，后改泉州为闽州，终改为建安郡（今福州），同安为建安郡南安县地；唐朝时，建安郡几经更名，先后为建州、丰州、长乐郡、清源郡、泉州（今泉州）辖下南安县地，最终为福州治地；宋、元、明、清四朝，同安皆隶属泉州府。在近现代，同安的隶属也在变动之中：1949年9月19日，同安县隶属于华东军政委员会福建省第五行政督察专员公署；1950年7月，改属福建省泉州行政督察专员公署（后改为晋江专区）；1958年10月，改隶于厦门市；1970年8月，再划归晋江专区；1973年9月，归隶厦门市至今，改为厦门市同安区。[1]

与军营村的隶属几经更替的历史相同，军营村的行政规划在历史上也经历着不断的演变。宋朝时，同安县下辖3乡33里，后并为27里，再缩为11里；元代改里为都，3乡之下统44都；明代恢复里制，里下辖都，同

---

[1] 同安县地方志编纂委员会. 厦门市志·同安县志 [M]. 北京：中华书局，2016.

安全县共划分3乡12里2隅44都；清沿明制，清光绪年间行保甲制，至清末，全县共为3乡9里21都。中华人民共和国成立后，废除保甲制，建立乡政权，至1951年3月，全县共建立7区2镇，下辖139个乡9个街道，其中军营村就被归于第一区的莲花乡；在1952年至1997年间，同安县几经扩改，1991年，莲花乡撤乡建镇，至1997年4月，全县下辖12镇、7个农林场、213个村委会、18个居民委员会，2175村民小组、246个居民小组。军营村至此成为莲花镇的下辖村。

第二节　军营村的主要宗族溯源

据不完全统计，2021年军营村全村共9个村小组，300多户，总人口约为1100人。现如今军营村中最主要的姓氏有三个，分别是苏姓、高姓和洪姓。

据军营村境内资料所载，苏氏是最早迁入军营村的一批居民，其先祖苏益于唐光启元年（885年）入闽。景福元年（892年）任都统军使。五代后晋开运元年（944年），苏益第三子苏光诲建一座二进双护厝结构的府邸于同安葫芦山下，苏益将其命名为"芦山堂"，于是"芦山衍派"在这里始创，而军营村的苏氏军是芦山衍派的一个分支。原先的苏氏分支并未进入军营村，而是在军营村外差不多二里地的田间小溪旁安家繁衍，生活了许久。再后来在清朝（约1880年）因不知名的原因（"其后为何不得而知"），苏氏分支四散分居各地，有一部分人因不舍家业，就迁入了田头大岭在南西向一个叫深青的地方，在此安家落户，世代守护祖先的家业、墓地。这就是军营村最早的一批苏姓人的起源。

苏氏家族是一个有着悠久历史的家族，有着独具特色、历史底蕴深厚的家风家训，苏氏的家训言简而意丰，在很多方面对苏氏的后代子孙们做出了要求。在家族内，要求"凡我子孙，父慈子孝，兄友弟恭，夫正妇顺"；在从事的职业上，则讲究"士农工商，各守一业，和善心正，处事必公……事君必忠，为官必廉"；在社交礼仪上，则强调"内外有别，老小有序，礼义廉耻，为人豪杰……乡里必和，睦人必善，非善不交"；在道德修养上，则注重"非义不取，不近声色，不溺货利，尊老敬贤……救死扶伤，讦诈勿为，盗偷必忌，违者责之……"❶这些家风家训，无不蕴含着苏氏家族的先祖们对于祖孙后代的殷切期望，是融在苏氏祖孙血脉中的骄傲。可以说，苏氏古朴而又厚重的家风家训，为苏氏后代的人才辈出输送了强有力的能量，是推动军营村全面发展的重要动力来源之一。

苏氏家族中，有一位十分著名的人物，那就是苏颂。

苏颂，字子容，是北宋中期的官员，同时也是天文学家、药物学家。他于宋仁宗庆历二年（1042年）中进士，担任江宁知县，后来升任集贤校理，编定书籍。苏颂在国史馆九年。他遍历地方长官，累官至刑部尚书、吏部尚书，并于宋哲宗时拜相。建中靖国元年（1101年），苏颂逝世，年八十二，追赠司空，追封魏国公，宋理宗时追谥"正简"。

苏颂为官的50多年里，政绩颇丰。在江宁担任知县时，他参与了庆历新政的实施，清查了富户的漏税行为，核实丁产，编成户籍，按册课税，种种卓有成效的措施的执行既增加了国库收入，又减轻了穷人的负担；在任南京时，也深受欧阳修倚重，欧阳修赞许他"处事精审"；在官拜宰相时，苏颂依旧保持一贯的作风，严格执行典章制度，忠于职守，选贤举能，他所主张的"法制治国"对当时的政治格局有深刻的影响。

---

❶ 《苏氏家训》：军营村境内资料。

苏颂不仅是一名出色的政治家，同时也是一名学识渊博的天文学家。在对天文学、星象学的研究基础上，他研制出了著名的"水运仪象台"，这是中国杰出的天文仪器，也是世界上最古老的天文钟，具有非常独特的创造性和极高的价值，体现了中国古代对力学知识灵活运用的高超水平。

苏颂还对药学有所研究。他与掌禹锡、林亿等人一起编辑补注了《嘉祐补注本草》，校正出版了《急备千金方》等书，又主持编写了《图经本草》21卷，对药性配方等提供了依据，对历代本草的纠错做出了贡献。《图经本草》不仅为药物学的研究提供了很好的方向，同时在地理环境、风土人情、冶金技术等方面也都有所涉及，如对潮汐理论的阐述、动物化石的描写、植物标本的绘制等，其语言晓畅，生动有趣。

此外，苏颂在文学上也有很高的成就，他的诗作颇多，收录在《苏魏公文集》的诗歌有587首，与苏轼、欧阳修等著名的诗人常有应和，不乏名篇佳作。

苏颂在各个领域所取得的成就不可谓不高，这种优秀不仅源于他的才能，也源于他的人品。在为人处世上，苏颂堪当"君子典范"。苏颂十分注重孝道，对于父母亲族都十分尽心尽力地奉养。最令人动容的是苏颂在出任婺州知州时，他的母亲由于湍急的水流扑船，苏颂奋不顾身地扑进水中救起母亲，幸而最终母亲得救，二人安然无恙。

《宋史·苏颂传》中称苏颂"经史、九流、百家之说，至于图纬、律吕、星官、算法、山经、本草，无所不通"，可以说是非常准确地概括了苏颂各方面的杰出成就，他在政治、科学、文学、药物学等方面取得的成绩值得被后世铭记,也值得所有人学习,军营村的人们一直为有这样的伟人而骄傲。图 1-2 为苏氏芦山衍派祠堂,内摆放苏氏相关历史文献。

图 1-2 苏氏芦山衍派祠堂

高氏在军营村中也是非常重要的一个宗族,军营村有名的老书记高求来就是高氏宗族的一员,他于 1960 年担任军营村书记,为军营村做了许多使百姓大受裨益的实事,如在 1969 年为军营村修建水库、1975 年组织修建山路等,在书记任上,他一共为军营村服务了 28 年,是一个有口皆碑的好书记。

图 1-3　高氏宗祠——美厅祠

那么高氏最早是如何在军营村定居的呢？高氏源远流长，最早可追溯到商周时期，是当时最早来到福建的始祖，也与苏氏一样，一开始并未直接进入军营村中。据安平《高氏族谱志略》所记载，其始祖高钢，号一清，最早于唐代由河南光州进入福建的福唐郡任从政郎一职，后传至第十七世高山，于元末为避乱进入大平（即安溪），定居大平为开基始祖。其后居于军营村的高氏人数最多，他们来到军营村后秉承高氏家训，勤恳劳动，开垦荒地为茶园，并以此为生，在军营村安居乐业。他们还在军营村修建了几座高氏宗祠，供奉着高氏祖先（图 1-3）。

图 1-4　高氏家训

　　高氏家族对于子孙后代的教育同样十分重视，在军营村中，我们可以看到许多有关高氏家训的文字："……尊长上，孝双亲；老爱幼，教子孙……处事和，待人敏；为学勤，为师尊……"可以看出，高氏家训的内容十分全面和详细，对于为人处世的方方面面都有涉及，也有具体的要求，高氏家族在此繁衍生息而人才辈出，家风家训对高氏后族有十分重要的指引作用（图1-4）。

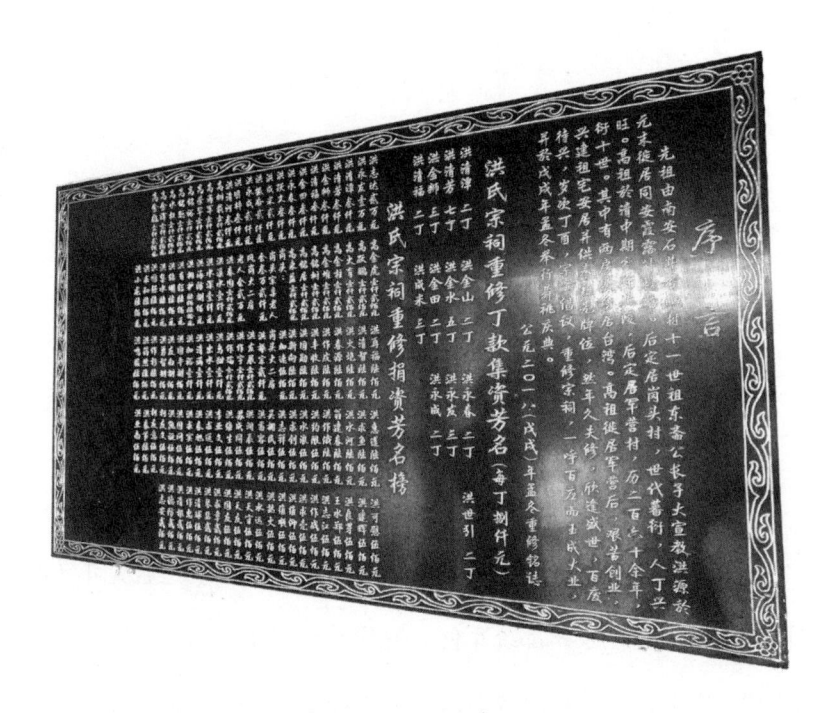

图 1-5 洪氏石碑

洪氏的先祖，为南安石井古山洪氏十三世洪源，后来定居岗头村。至今已繁衍了十代人，人丁兴旺，于 2018 年重修了洪氏宗祠，记载了如图 1-5 石碑中所展示集资的洪氏后代，其兴旺程度可见一斑。

第三节　军营村历史资料

一、苏氏

"芦山始祖苏益（生于唐大中十年，即856年）于光启元年（885年）正月随王潮入闽，任泉州都统军使。五代开运元年（944年），光海建府邸于同安葫芦山下，二进双护厝结构，益公名之曰'芦山堂'，始创'芦山衍派'，军营村苏氏乃芦山衍派分支。

"先祖居军营村外二里许之圳上久，有地名后埔村，于清朝（约1880年）迁入，建此厝，至今已衍7代，人口近百人。相传，圳上故地，昔时土地肥沃，水稻旺至碗置其上而不落，盛时更有圩集……其后为何不得而知，四散分居各地，有一脉迁至长泰，一脉分至连江。军营一脉因不舍家业而迁至军营村，世代守护祖先家业、墓地，而圳上世居之地尚留一古厝……"

二、苏氏家训

凡吾子孙，父慈子孝，兄友弟恭，夫正妇顺。内外有别，老小有序，礼义廉耻，为人豪杰。士农工商，各守一业，和善心正，处事必公。费用必俭，举动必端，语言必谨。事君必忠，为官必廉，乡里必和，睦人必善，非善不交。非义不取，不近声色，不溺货利，尊老敬贤。救死扶伤，讦诈勿为，盗偷必忌，不善者劝，不改之斥。凡吾子孙，必尊家规，违者责之。

三、高氏家训

高家人，做好人。祭祖典，莫忘根。尊长上，孝双亲。老爱幼，教子孙。兄弟悌，可断金。妯娌睦，旺家门。持家俭，在于勤。明事理，知退进。为公民，守本分。做好官，清白身。经商道，有德心。诚为上，信是本。莫铤险，事当拼。交友淡，情义真。处事和，待人敏。为学勤，为师尊。饱诗书，明理亲。近君子，小人敦。勿作恶，多行善。人不欺，勿结怨。退一步，天地宽。少空话，做事专。身必躬，志当远。取正财，忘色恋。行正道，灾祸免。不逞强，弱者援。不攀贵，勿轻贱。不沽名，虚莫贪。不献媚，莫趋权。逆耳语，莫生厌。顺心话，自量掂。逆顺境，处泰然。胸襟阔，心自安。一人难，众手援。救危困，齐抱团。创业艰，守成难。不攀比，莫妒贤。知使命，顺自然。高族兴，吾辈愿。守家训，行规范。各尽责，共戒（诫）勉。同心立，天地间。

四、《苏颂传》原文

苏颂，字子容。第进士，知江宁县。迁集贤校理，编定书籍。颂在馆下九年，奉祖母及母，养姑姊妹与外族数十人，甘旨融怡，昏嫁以时。妻子衣食常不给，而处之晏如。擢知制诰。大臣荐秀州判官李定，召见，擢太子中允，除监察御史里行。宋敏求知制诰，封还词头。复下，颂当制，颂奏："虽朝廷急于用才，度越常格，然隳紊法制，所益者小，所损者大，未敢具草。"次至李大临，亦封还。神宗曰："台官有阙，不拘官职高下。"颂与大临执奏不已，于是并落知制诰，归工部郎中班。知婺州。方溯桐庐，江水暴迅，舟横欲覆，母在舟中几溺矣，颂哀号赴水救之，舟忽自正。母甫及岸，舟乃覆，人以为纯孝所感。徙亳州，有豪妇罪当杖而病，每旬检之，未愈。谯簿邓元孚谓颂子曰："尊公高明以政称，岂可为一妇所绐。但谕医如法检，自不诬矣。"颂曰："万事付公议，何容心焉。"既而妇死，元孚惭。吴越饥，选知杭州。一日，出遇百余人，哀诉曰："某以转运司责逋市易缗钱，夜囚昼系，虽死无以偿。"颂曰："吾释汝，使汝营生，奉衣食之余，悉以偿官，期以岁月而足，可乎？"皆谢不敢负，果如期而足。拜刑部尚书，迁吏部兼侍读。请别制浑仪，因命颂提举。颂既邃于律历，以吏部令史韩公廉晓算术，有巧思，奏用之。授以古法，为台三层，上设浑仪，中设浑象，下设司辰，贯以一机，激水转轮，不假人力。时至刻临，则司辰出告。星辰躔度所次，占候则验，不差晷刻，昼夜晦明，皆可推见，前此未有也。自书契以来，经史、九流、百家之说，至于图纬、律吕、星官、算法、山经、本草，无所不通。绍圣四年，拜太子少师致仕。

第二章

迩安远至——军营村的指明灯

第一节　军营村发展的"初心之路"

清晨，阳光柔和。穿过状元尖，山下一点一点染上晨光，山间鸟鸣唤醒沉睡的山庄。一首由军营村和白交祠村村民们新编的歌谣在山间唱起：

朋友们，听我说；乡亲们，跟我念！

七十年，话变迁；新时代，唱新篇。

中国梦，高山现；振兴曲，乡村编。

褒歌一曲颂恩情；乡亲日子节节甜！

军营村，千年起；白交祠，高山巅。

远不来，近自怜；曾经穷，过去偏。

山缺树，物不芊；锅无米，桌少鲜。

女外嫁，男思迁；苦日子，不见天。

总书记，到茶乡；两度来，爬山尖。

访民情，下田间；三揭盖，探民艰。

百姓苦，记心田；农民痛，担在肩。

情况明，主意添；小康路，舞翩跹。

脱贫策，扶志先；再扶智，斗志坚。

种上树，栽下果；漫山绿，茶飘香。

党校建，民宿兴；初心路，自扬鞭。

百姓富，生态美；茶乡人，似神仙。

曾经的军营村，是厦门市的遐方绝域，是那个路旷人稀的不食之地，是那个默默无闻、陷入发展困境的山野乡村。可谁承想，这个位于大山之中并不起眼的小小山村，在经过了十几年、几十年的发展改革，脱胎换骨，披着青山绿水的荣光，贯彻落实国家乡村振兴战略，深化农村改革，牢记习近平总书记的谆谆嘱托，终于一步一步亲手摘下了那顶"贫困村"的帽子。昔日那个"地瓜当粮草，孩子当背包"的军营村，那个连"吃一顿饱饭"都成了村民们奢望的军营村，从曾经的樵苏不爨，到如今的丰衣足食；从曾经的不毛之地，到如今的沃野千里；从曾经偏远落后的小山村，到如今成为建设示范的美丽新农村，并拥有诸多荣誉称号：

2019年12月被中央农办、农业农村部、中央宣传部、民政部、司法部等部门共同认定为"全国乡村治理示范村"。

2018年8月被厦门市委、厦门市政府表彰为2015—2017年度"厦门市城乡共建先进单位"。

2017年11月被中央精神文明建设指导委员会表彰为"全国文明村镇"。

2017年10月被福建省住房和城乡建设厅评为全省"美丽乡村建设典

型示范村庄"。

2016年7月军营村党支部被中共福建省委表彰为"全省先进基层党组织"。

2015年10月被农业部评为"2015年中国最美休闲乡村"。

2015年6月被中共福建省委、福建省政府表彰为福建省"2012—2014年度文明村"。

2014年6月军营村支部委员会被中共厦门市委组织部表彰为"全市先进基层党组织"。

每一分收获都带着每个建设军营村人的心血与汗水，每一次进步都凝结着几十年坎坷路上的不忘初心。从中央的顶层设计，到地方的因地制宜；从各级党员干部的呕心沥血，到家家户户的全力奋斗，军营村的建设可以作为新时代美丽新农村的一个示范。回看这一切的起源，我们还是要从习近平同志的到访说起。

1986年和1997年，时任厦门市常委副市长和福建省委副书记的习近平同志两度到军营村访贫问苦，为高山乡村的发展方向做了明确指示。在实地调研考察之后，习近平同志先后提出了关于"山上戴帽、山下开发"即山上植树造林，山下种果种茶，发展多种经营的发展思路以及"绿水青山就是金山银山"等蕴含绿色生态发展的重要论述。这一系列论述为今后军营村的可持续绿色发展指明了总体方向。

"从事现代化经济建设，要长远考虑，统筹全局，不能只顾眼前，临时应付，那样会事倍功半，甚至会迷失方向，把握不住全局的主动权。"这是

1986年习近平同志在厦门市经济社会发展战略课题专职人员动员和工作部署会议上发表的讲话。时至今日，东海之滨，鹭岛厦门，在这样的高瞻远瞩之下，正走得越来越远，越来越好。

第二节 "五位一体"总体布局的统筹发展

总书记，来茶乡；重嘱托，要脱贫。

似春风，可化雨；三十载，鱼水情。

访民情，解民忧；久为功，终富民。

看青山，变金山；说银山，绿水盈。

上戴帽，下开发；捐柿树，种香茗。

九七年，二度至；七十万，茶厂兴。

数十台，制茶机；品质精，工艺新。

扶上马，送一程；康庄道，万事兴。

新时代，乡村振；机制活，产业兴。

大整治，外立面；平改坡，红屋顶。

路拓宽，花满树；山更绿，水更清。

近者悦，远者来；游客旺，日斗金。

合作社，建起来；扶贫事，心连心。

党校办，教学新；基地设，各传经。

人既到，民宿兴；土特产，人人盯。

众人拾，火焰高；大家帮，土变金。

健康路，光明顶；无公害，好茶品。

白交祠，地瓜香；小番茄，火军营。

厦旅来，游品新；褒歌唱，动人音。

同心立，天地间；担使命，守初心。

这是军营村村民特地以"五位一体 脱贫攻坚"为主题创作的一首"三字经"。从党的十八大召开以来，以习近平同志为核心的党中央把脱贫攻坚工作纳入"五位一体"总体布局，作为实现第一个百年奋斗目标的重点任务。军营村自然也不甘落后。

为了跟随时代的发展，军营村加强科技兴农，通过改良土壤、改进品种、运用"互联网+"销售当地特色农副产品等方法，拓宽农产品销售的种类和渠道；并与"林晓晴的菜"合作，产生品牌效应，建设高山有机蔬菜采摘基地，重点打造百利种苗"军营红番茄""白交祠地瓜"等品牌；通过推进省级农民创业示范基地建设，进一步实现土地的可持续高效使用。军营村还开启了一种合伙抱团发展的新模式，成立军营村西营茶叶专业合作社，让多数村民自由选择与云山茶业公司和恒利茶叶公司这两家当地的龙头企业签订合作协议，规避市场风险，实现利益最大化。

当地的山地资源也不容小觑，军营村的山地地形曾经是军营村发展路上让人头疼的拦路虎。如今，军营村以强有力的姿态化劣势为优势，充分利用其丰富的山地资源，开发乡村旅游，推进一二三产业融合，村民经济收入在稳步提高的基础上日益多元。不仅如此，亲子拓展、农家乐、民宿、咖啡屋、茶室、文创产品等也都纷纷兴起。2013 年，军营村民年人均收入 10000 多元。

在政治建设方面，2013 年 12 月起，厦门市委组织部接续选派 10 多名年轻干部驻村挂职，充实军营村、白交祠村"两委"班子，每名干部 2 个月时间，与村民同吃、同住、同劳动，选派优秀干部驻村蹲点帮扶，解决了两村知识匮乏、技术缺乏、思路贫乏等问题。2016 年 4 月 7 日，厦门市委党校、同安区委党校两级党校高山教学点正式揭牌成立，依托高山党校，加大农村党员干部教育培训力度，定期组织党员干部集中学习理论，发挥新型智库作用，为两村发展集思广益、建言献策。2019 年 9 月，福建省委党校、福建行政学院与中共厦门市同安区委签订合作协议，依托高山党校打造以党建扶贫为主题的现场教学基地，在厦门市这个海拔最高最偏远的行政村——军营村成立高山党校。高山党校成了省、市、区三级党（院）校现场教学基地，是市、区"两学一做"学习教育基地和"不忘初心，牢记使命"主题教育现场教学基地，为厦门大学马克思主义学院思想政治理论课实践提供了教学基地，也成了省、市、区多部门开展党性教育的重要场所，为军营村又增添了一张靓丽的新名片。

对于文化建设，军营村在市委宣传部的帮助下，用文化事业建设项目补助资金进行村文化园及文化广场建设，不断完善村文化广场、文化园、戏台、篮球场、健身房、图书阅览室等文化设施；支持组建广场舞队、腰鼓队、褒歌队、篮球队等文化队伍；持续开展大家喜闻乐见的"村晚"联欢、中秋博饼、乡村越野跑、篮球赛、视频摄影大赛等文化活动，挖掘高山文化精神，弘扬传统文化魅力，打造省级文明乡村。

2007年，莲花褒歌入选福建省第二批省级非物质文化遗产名录。莲花褒歌作为村民采茶劳作的"好搭档"，茶余饭后的"好节目"，生产知识传授的"好工具"，饱含着茶农们对生活质朴而热烈的情感，从诞生至今，一直影响着、丰富着村民们的生活，一年一度的"褒歌赛"不断激发村民的创作热情。

"踏火节""齐醮""进香"等传统民俗活动，吸引了一拨拨游客前来参观，展现了乡土文化旺盛的生命力，增强了村民的乡土文化自信。"软法治理"和文化振兴协同推进，培育文明乡风、良好家风和淳朴民风。

对于文化建设中的重要一环——教育建设，军营村更是全力投入，为这个山尖上的小村庄画上了关于成长图画浓墨重彩的一笔。2019年11月，村里迎来了特别的"金鸡时间"，出席第28届中国金鸡百花电影节的众多影视明星，重走习近平总书记走过的初心路，重访总书记访过的贫困户，感受当地特有的乡土文化。

在社会建设方面，村里定期"引进"专业人士和专业机构进村"现身说法"，组织开展农家乐、民宿、制茶、广场舞、腰鼓队等多元化培训；带领村民"走出深山"，开阔眼界，积极开拓脱贫"新路子"，引领学习致富

"新技能"。同时，军营村成立了乡贤"智囊团"；落实党员联系群众制度，党员定期入户宣传普法，开展司法进乡活动、律师以案释法，引导村民崇法循法；每年公布年度"创先争优"人物榜，发挥榜样的作用；实施全民参保，为村民"兜底线"；通过"教育云"平台，让村里共享城市优质教育资源。

在生态文明建设上，2013年，军营村被列为厦门市"五位一体"建设试点村，在各级党委政府、各有关部门、社会各界的支持下，军营村走出了一条生态建设与脱贫致富相结合的绿色发展之路。军营村与白交祠村通过大力推进"山上戴帽"工程，种植绿化苗木、绿化植被，并完成竹园登山步道及廊亭、步道等改造提升。

军营村与白交祠村扎实推进美丽乡村建设，不断完善各项环境整治和基础设施建设，开展环境综合提升、生活污水整治、人饮水源改建、休闲观光农业基础设施建设等多项重点工程。如今，军营村与白交祠村共有生态公益林7100余亩、青翠山地24000多亩，村民房前屋后见缝插绿、干干净净、井井有条，两村已从"荒野"转变为"花园"。

长期以来，军营村坚持"绿水青山就是金山银山"的发展理念，通过营造环境优美的生态宜居乡村环境，为发展特色乡村旅游提供有力支撑。军营村大力推进环境综合整治、生活污水处理、饮用水源地改造、休闲观光农业基础设施建设、建筑立面改造等一批重点工程，实现道路硬化、庭院绿化、路灯照明、村庄绿化的新村庄环境。作为垃圾分类试点村，其积极完善村卫生保洁长效机制，引进专业公司经营，努力实现"无垃圾落地、零排放"。

多年来,各级党委政府、各有关部门单位、社会各界,始终坚持"输血"与"造血"并重,不断推动精准帮扶工作向纵深发展,不断增强军营村的发展内生动力。

如今,上山驻村蹲点帮扶的党员干部超百人、联系挂钩帮扶两村的各级党员干部超千人、资助帮扶两村的社会各界人士超万人,这些历史画面依旧历历在目;另一方面,军营村与白交祠村的扶贫开发项目超千个、扶贫开发资金超亿元。

列宁曾说过,劳动者的组织性、纪律性、坚毅精神以及同全世界劳动者的团结一致,是取得最后胜利的保证。这里摘录截至2019年,社会各界对军营村的部分扶持捐助情况。

表2-1 挂钩帮扶军营村项目及资金一览表

时间	单位	项目	金额
2019年	厦门农商银行	赠送4部观光旅游车	42万元
2018年	厦门金圆投资集团	建设军营防哨所路灯、周边绿化等	15万元
2017年	国家开发银行(厦门分行)	"莫兰蒂"台风灾后重建	50万元
2013—2016年	厦门依澄电器有限公司	提供"关爱老人中秋博饼"物资、共建老人活动中心、建设村庄基础设施等	200万元
2008—2019年	厦门市委宣传部	建设文化民俗广场、建设村庄基础设施等	660万元

续表

时间	单位	项目	金额
2008—2019 年	湖里区金山街道	建设金山路、金山桥、金山阁景区、金山文化广场等	290 万元
1999 年	厦门市委农办	建设军营茶厂	40 万元
1999 年	厦门市农技中心	购买制茶设备	30 万元
1998—2019 年	同安电力局	农网改造	1200 万元

资料来源：军营村内部统计资料。

这正所谓：

    在一线，四方面；讲一体，五位全。

    人心齐，泰山移；奔大道，汇洪川！

第三节　乡村振兴战略的引领

对于第一次到厦门的人来说，似乎很难把军营村与这座城市联系起来。从鼓浪屿出发，越过拥有蓝色传说的大海，穿过鹭岛都市中心的繁华，脚踏上带着海水咸味的土地，再往北走，连绵的山丘迎面而来。繁华浮现于大海之中的岛屿，山村隐匿于高山大野，表面上相隔甚远，内里却被地理之缘拉扯在一起。而往日的格格不入，此时已变为一段只能被回顾的历史，军营村在乡村振兴的道路上，更加自信地向世界展示出美丽鹭岛的多样与多元。

党的十九大，吹响了实施乡村振兴战略的号角，拉开了乡村建设的新序幕。这是继我国新农村建设战略之后，又一个以农业农村优先发展、着力解决"三农"问题的重大战略，也是着力解决新时期我国发展不平衡和不足的重大举措，尤其是对于目前较为严峻的城乡发展不平衡和农村发展不足问题的解决指明了新的发展方向。

从世界发达国家的现代化进程来看，城镇化是现代化的必由之路。城镇化是人口与非农产业空间集聚的过程。城镇化必须是一个农村人口减少的过程。但是，城镇化并不排斥农村的现代化和振兴。相反，农村的现代化和振兴，应该建立在城镇化全面发展的基础上，或者说两者应该是一种相辅相成的关系。因此，从人口流动和空间集聚的角度看，我国乡村振兴的过程必然是城镇化全面发展的过程，是城乡人口与产业优化配置、互动融合的过程。其基本逻辑是：城镇化离不开农村人口与城市要素的融合，乡村振兴与现代化离不开城市对农村的带动以及城市人口对农村的向往。

中国乡村振兴战略与城镇化战略的逻辑关系进一步表明，乡村振兴战略的重点和任务不仅在农村，而且在农村以外。要实现城乡人口的互动流动和优化配置，必须拓宽乡村振兴战略视野，不仅要注重乡村内部建设和发展机制创新，还要注意改善乡村振兴的外部环境。由于我国城乡二元结构具有社会保障和产权二元结构的特点，从体制和机制上打破城乡二元结构，以城乡社会保障制度和农村集体产权制度为重点的三大联动改革，即城乡联动、区域联动和中央与地方联动改革，应纳入乡村振兴战略框架，成为乡村振兴战略的基本推动力。也就是说，打破城乡二元结构，建立城乡一体化、城乡互动的体制机制，应该是乡村振兴和农村现代化的必要条件。

厦门市同安区历来高度重视加强基层党组织建设，坚持党的建设及带头作用。早在20世纪90年代，市委组织部、市委宣传部就把白交祠村和军营村联系起来。30多年来，相关援助一如既往，没有中断。特别是2013年以来，厦门市委组织部、同安区党委组织部定期选派优秀干部留守两个村，帮助他们在村里落户、帮助两村建设规划，明确发展思路，并成功实现了资金来源对接。

在区、镇、村三级部门的带动下，村民自主发展的意识和能力得到增强，村民成为最大的实践者和受益者，村党支部的号召力和凝聚力进一步增强。军营村大力探索基层治理制度创新，在全市率先试行村党组织书记担任村集体经济组织和合作社负责人的角色，充分发挥协会等群众性自治组织在推动乡村振兴中的作用，如老年人协会和乡贤理事会。在推进"五位一体"建设过程中，军营村与白交祠村近一半党员主动拆除猪圈，腾出数千平方米用于支持农村建设，为群众树立了良好榜样。"两委""老党员""三农"积极推进"美丽乡村管理基金会"建设，筹集管理资金，吸引社会捐赠，为村建设做出贡献。2016年，军营村党支部被表彰为省级先进基层党组织。

军营村的村民们常说，乡村振兴，久久为功。

昔日的高山军营村，是默默无闻、鲜被人知的千年古村落，是人们口中所谓的穷乡僻壤，甚至流传着这样一种印象——世代多血泪，贫困传百里。但军营村从未妥协，正如村民们唱的那样："人虽穷，志毋痠；穷非过，富可追。弱鸟飞，须奋远。"

发展山区的指导思想，首先要振奋精神，扶贫扶志。习近平总书记当年关于军营村、白交祠村的重要论述，为两村发展指明了方向，为两村脱贫致富奔小康提供了根本遵循。

乡村新时代，再谱振兴曲。

牢记书记话，深悟主席语。

扶贫要精准，发展靠思路。

五兴巧发力，八方共相助。

经济要发展，产业是关键。

第二章 迩安远至——军营村的指明灯

高山建党校，从此研学强。

茶叶深加工，文旅挑大梁。

引得八方客，地瓜更飘香。

教授请上来，专家授课忙。

乡贤齐上阵，助力有村官。

厦旅扎根下，身教兼言传。

山村人才兴，事业自辉煌。

军营村始终贯彻一手抓经济发展，一手抓生态保护的经济发展思路，掀起了一股"种茶种果，植树造林""山上戴帽，山下开发"的热潮。

另外，乡村振兴还包括扶贫扶智。1991年，军营村小学成立；2012年，军营村小学进行翻建，多媒体教室、电脑、图书室、幼儿游乐设施等一应俱全。扶持政策的实施、办学条件的改善、低收费学前教育的普及、村民对教育观念的转变，让军营村走出越来越多的大学生、硕士生以及博士生。

搞好基础设施大建设，实现生态环境大改造，也成了军营村乡村振兴的重点。1997年底，军营村初步完成用电规划设计线路，1998年并入国家电网。1998年，军营村村部开通第一台电话，电话开始普及。1998年军营村山路开始进行拓宽，到2005年，正式告别土路时代，水泥从山下铺到村口，同时开设了公交站点。

2008年军营村被列为全市首批老区山区改造试点村，迎来了生态环境"大改造"，全方位建设、治理使军营村白天"靓"起来，夜晚"亮"起来。

第三章

破茧成蝶——军营村的经济发展

第一节　军营村脱贫工作发展概览

一、"山上戴帽，山下开发"

20世纪80年代的军营村贫困人口数量大，基础设施建设薄弱，村民们面临生产资料缺乏、劳作生产技术低下、与市场联结程度低和缺乏发展替代生计的途径等挑战，所以只能依靠免费的自然资源来维持生计，这种情况从当时广大群众的声音中可见一斑："农民自古'靠山吃山'，林木不能砍，农民吃啥？"正是如此，当时的军营村已经陷入了"贫困发生——过度利用——生态退化——灾害频发——贫困加剧"的恶性循环中。这样一来，原本就脆弱的自然生态环境在人为因素影响下进一步恶化，随着生态破坏而造成的自然灾害也频频发生，作为边远山区农村的军营村不仅没能解决贫困问题，还失去了其最为珍贵的自然环境财富。远远望去，军营村周围的山上满是裸露的山石，只有一派荒凉的景象。

"山上戴帽"，就是在山上实行封山造林、养育水土、恢复军营村原有的绿水青山，为因过度开发、过度利用而变得光秃秃的山上戴上一顶翠绿色的"帽子";"山下开发"则是指在山下多种植茶树、果树等经济作物，发展第三产业、发展多种经营，早日脱贫致富。

随后，军营村村党支部马上召开村民大会，传达指示精神，一场前所未有的"向山地进军，种茶果赚钱"的热潮在这方沉睡了千百年的穷山僻壤涌动起来。

虽然有了大方向的指引，但村民们心里依然有着许多疑惑——军营村的水土和气候适合哪些果树的种植呢，目前市场上卖哪些水果的利润大一些呢？因此，军营村脱贫工作组不仅制定了大方向，也落实了一些"小细节"：1986年，习近平同志联系同安县水土保持委员会办公室为军营村提供了一批广西无籽柿的树苗，并指示同安县农村工作办公室为军营村解决了3万元扶贫资金。这样一来，既有了"大方向"的指导又解决了"小细节"的村民们变得干劲十足，开始上山开垦、整理土地，种植了大概200亩（一亩≈666.7平方米；鉴于当时情况，为方便阅读，本书以下统称"亩"）广西无籽柿，并用那笔扶贫资金修建了管理房。军营村这片柿子林栽种的柿子品种是当时国内最好的柿子品种，这片柿子林在1990年承包出去，军营村每年有了8000元的租金收入，这是该村收入的"第一桶金"，为军营村的脱贫工作做出了巨大的贡献。

在全体村民的不懈努力和积极探索下，军营村的生态环境取得了显著的成效：环抱着村庄的千米高山戴上了"帽子"，变得绿意盎然、鸟语花香；茶山云雾缭绕，独具特色的梯田茶园构成一派旖旎迷人的茶园风光——1986年军营村的茶叶种植面积在500亩左右；到1990年，全村建成了高山无公害茶园 2000 亩，村民收入达 1000 元以上；到了 1998 年已经有 2800 多亩，相较于 1986 年翻了 4.6 倍。

军营村茶叶的整体种植面积虽然取得了突飞猛进的发展，但茶叶的销售情况却没有取得相应的成效。时任军营村村委会主任的高泉阳发现，光靠人力炒茶制茶不能够匹配当下军营村 2800 多亩种植面积的茶叶产量，没有设备、没有先进的制茶工艺和技术，导致许多新鲜采摘的生茶无法得到及时的处理而烂掉，加之人工制作产品质量参差不齐，价格也一直上不去。市农办在充分考察调研军营村的情况之后，为军营村提供了两笔扶贫资金，一笔 40 万元用于建设加工厂，一笔 20 万元用于购买设备，后来又增加了 10 万元。这一系列举措，加快了军营村脱贫工作的步伐，高泉阳亲眼见证了村庄的发展："后来就有一家企业来军营村投资建厂。我们也用 70 万元建了自己的茶叶加工厂，购买了 20 台制茶的揉捻机，还有塑包机、整形机等。有了加工厂和这些设备，军营村的茶叶外观好了、质量高了，价格也就随之提高了。邻村的茶叶如果卖 5 元一斤，我们就能卖到 8 元一斤。"

二、军营村的基础设施建设

山高谷深、交通不便和基础设施薄弱,一直是制约军营村以及周边村庄发展的短板。在各有关部门单位、社会各界与邻近村庄的共同努力下,军营村基础设施建设发生了翻天覆地的变化。1997年底,军营村完成用电规划。1998年军营村电网并入国家电网供电到户,实施"以电代柴""以电制茶"。2019年底,军营村建成双回路供电,供电容量增至2790千伏安,相比1998年增长10倍。1998年,军营村村部开通第一台电话,从此电话逐渐普及到家家户户。

上山的路本来就九曲十八弯,过去的军营村却连出村的公路都没有,出入村庄只能靠步行,从村里走到同安地区需要花费超过10个小时的时间。在军营村干了28年党支部书记的高求来说:"当时军营村村民所需的各种生产生活用品都要走一条羊肠小道,到13千米外的上陵村去挑,来回得花上一天时间。村里不通电,家家户户用水得靠挑,山上的茶叶收成了,依旧需要人工肩挑到山外去卖。"[1]

有效的交通供给是帮助贫困地区实现脱贫的先决条件,交通供给的改善对军营村脱贫工作的效果尤为明显:道路交通能够疏导军营村内可耕种

---

[1] 杨珊珊. 高求来:高山上的不老松[EB/OL].(2019-08-28)[2019-08-28]. http://fjnews.fjsen.com/2019-08/28/content_22656181.htm.

土地面积小的短板，引导农村青壮年人口离开村庄参与非农就业；帮助降低军营村茶产业的生产成本、运输成本以及交易成本，降低的成本无论是直接用于补贴村民还是用于进一步降低军营村茶产品的市场售价，最终受惠的都是军营村茶叶生产者；医疗资源、教育资源的缺乏是边远地区非常重要的民生问题，道路交通的改善能够大大提高军营村对于公共服务资源的可获得性。

为了能尽快让军营村修好公路，时任村党支部书记的高求来每个星期都要下山两次，来回奔波五六十千米到厦门市交通局找相关负责人说明通路的重要性与迫切性以争取支持。当拿到了用于支持军营村修路的款项后，他又奔往同安区交通局申请技术人员支持。修路时，他协调军营村、白交祠村、西坑村和淡溪村4个村的劳力通力合作，其他3个村庄也从通路中受益。

路修好了，车进得来，人走得出去，高山村发展的"筋脉"被打通了。村民开上拖拉机运材料、运茶叶，一趟可以运送近1500千克。原来村子里多是土坯房或石头房，屋内大多是粗糙的泥土地；路通后，村民运来地砖、瓦片，装修房子，居住环境和乡村面貌悄然改变。在各级政府、各有关部门的帮助下，1998年军营村山路开始进行拓宽，至2005年，水泥路从山下铺到村口，正式告别土路时代，并在村里开设了公交站点。至今村里直通莲花镇以及市区的公路畅通无阻。

多年来，在各级政府的支持下，军营村通过不断争取资金进行老区山村建设和美丽乡村建设，以及2018年开始重点推进的乡村振兴示范村建设等，不断完善村庄以及周边各项环境整治和基础设施建设，实现了家家户户通路、通水、通电、通信；村里还建立了文化园、卫生所、图书馆、阅览室等，并配套建有体育健身场所和运动器材等；村卫生所纳入医保定点刷卡单位；新建的高山党校教学点投入使用；高山警务室正式运营；农商行小额代付点开办……村民在家门口就可实现就业、就医、就学、取现转账等事宜，村民生活得到便利的同时，村民幸福生活指数也大大提高了。

第二节　军营村主导产业与特色产业的融合发展

一、念好茶叶这本经

（一）军营村茶产业发展概览

茶叶是我国人民日常消费的必需品，也是我国出口业务中占重要比重的优势农产品，在农业增效、农民增收以及乡村振兴战略中起到了不可替代的作用。茶叶更是福建省的一张名片——从茶叶种植来看，除去以岛屿为主的平潭县及东山岛，福建省余下的83个市、县、区都为宜茶区；从茶叶品种来看，安溪铁观音、平和白芽奇兰、武夷大红袍、福鼎白茶等世界知名茶品的原产地、主产区及主要出口基地均为福建，全省拥有国家级茶树良种26个、省级良种18个，无性系良种推广面积达95%以上，远高于全国46%的平均水平，居全国领先地位；从茶叶产量来看，2019年全省茶园面积329万亩、毛茶产量44万吨，全省平均茶叶亩产从30年前的24.5

千克提高到113.2千克,茶叶单产水平为全国第一。❶从茶产业发展动态来看,福建茶产业规模庞大、管理有序,随着经济的发展、人民生活水平的提高,茶文化不断得到推广,茶产业发展后劲十足。❷厦门市以其得天独厚的地理位置加之优良的港口基础,占据福建省茶产业链条中出口转运、包装销售等重要环节,茶叶交易市场规模居世界前列。

庞大的市场需求带动了厦门市周边数县的茶叶种植与加工行业的蓬勃发展,同安区则是其中的佼佼者。随着厦门市委、市政府关于"提升岛内、拓展岛外、跨岛发展"的战略部署,厦门岛内的许多一般工业选择搬迁至工业基础设施更加完善、工业化更加集中、厂房租金更加便宜的同安区。其中的茶产业转移至同安工业园后,以其巨大的需求量刺激了同安区的茶叶种植。同安区的茶叶种植主要分布在同安区莲花镇,茶叶产地以山区、靠山区、半山区为主,品种主要是毛蟹,其次为本山、铁观音、梅占、黄旦等。2013年,莲花镇全年茶叶种植面积1.02万亩,产量0.14万吨,挑起了经济作物生产的大梁。

军营村在300多年前就已经开始种植茶叶,有着悠久的种植历史。但在许多年前,位置偏僻、缺乏正确科学的政策指引的军营村还是以种地瓜、水稻等粮食作物为主。20世纪80年代中期,军营村只稀疏种有400多亩山茶,是一个人均年收入仅280元左右的贫困山村。当年村民们面对"地瓜

---

❶ 沈立.农业供给侧结构性改革背景下的福建茶叶产业转型升级研究[J].福建茶叶,2020,42(10):5-6.

❷ 此处论述的"茶产业"指的是茶叶生产、运输、加工、包装、销售等一整条高协作的产业链条。

当粮草，孩子当背包"的穷苦光景，从未设想过如今的军营村茶香能飘出大山外，成为高山最闪亮的一张名片。到 2018 年，军营村已有茶园 6500 多亩，种植毛蟹、奇兰、乌旦、本山等品种，远销世界各地，是响当当的"莲花高山茶"。

从 1996 年起，厦门市委组织部联合建发集团持续挂钩帮扶白交祠村，厦门市委宣传部持续挂钩帮扶军营村，为两村脱贫攻坚注入了强大力量。在挂钩帮扶的企业、事业单位的帮助以及两村村民的努力下，1997 年两村茶叶种植面积均达 2800 多亩，军营村村民年人均收入为 1780 元、白交祠村村民年人均收入为 2200 元，山头穿上了绿衣，山坡叠起层层茶园和果树，茶业成了两村村民的主要经济来源。1998 年，在厦门市、同安区政府的牵头下，军营村成功引进厦门茶叶进出口有限公司参与扶贫共建，建立起高山无公害茶园基地，并通过同安区农业龙头企业恒利茶叶公司统一收购茶叶、统一进行加工，改变了自产自销的老路子，自此，军营村村民的收入获得了显著提高。

除了努力把握好大自然的馈赠，军营村仍然寻求着在温饱以外产业继续发展的问题。1999 年，厦门市委农办和农技中心扶持 70 万元，在军营村开始建设茶厂、购买制茶设备。2000 年，以扩大本地就业为主、拥有完善生产功能的现代化茶厂在军营村正式投用，军营村村民种植的茶叶经过茶厂的加工，收购价格 500 克提高 2～3 元，军营村全村一年能增收约 150 万元。茶厂的建成标志着两村茶业从自产自销的小农经济向"生产在户、服务在社"的经营模式和合作机制的转变，村民人均年收入直接飙升到 5000 多元。有了这样的新鲜血液，使军营村不再受限于初级生产，更是把军营村建设成了茶叶生产线的上游，让军营村可以牢牢地把生产过程握在手中，不但提高了茶叶品质，也大大推进了生产效率。到了 2009 年，村民人均收入更是上涨到近 9000 元，迎来了军营村的辉煌时期。到现在，军营村已经基本实现了"山下种植以茶叶为代表的经济作物，山上种植保育水土的生态树木"的合理布局，共有 6000 多亩茶园及 4100 亩公益林。生产的高山茶叶供不应求，增加了内部高质量、高效率的就业机会，现全村 80% 的人都从事茶叶种植、生产和推广销售工作，村民人均年收入从 1986 年不到 300 元，到如今增长了近百倍。军营村村民们携手共进，满怀信念地参与自己家乡特色产品的生产，不仅保护了绿水青山，又拿下了金山银山。

（二）"社企协同"提质量

随后几年，茶叶市场迎来短暂的低迷，收购量和收购的价格虽偶有波动，但却对茶叶的品质提出了更为严格的要求。这下给军营村刚刚发展起来的茶叶经济拉响了警报。为了面对市场带来的考验，村民们开始反思军营村茶叶经济存在的一系列问题：军营村种植的高山茶叶虽然体量大，但主要还是集中在茶农散户中，在茶叶种植这一环节突出了茶园分散、品种分散及管理粗放等问题。而且各种各样的茶叶品种，从采摘、制作到销售环节，都没有统一的标准，直接导致高山茶叶陷入了品质不高的窘境。

2010 年，军营村开始改造传统产业落后单一的生产方式，从"单打独斗""各自为政",到村民牵头建设农村生产合作社,形成整体的生产规模,如村民高水银和其他几名村民带头办起了西营茶叶专业合作社,这不仅提高了资源综合利用水平以延长产业链,还拓展自身可以把控的生产环节,紧抓每个生产步骤的品质。专业合作社是一种本着运行规范化、收益共享、风险共担的原则将分散茶农组织起来的利益联结机制。分散的茶农以生产资料入股,并严格遵照合作社建立起的统一生产标准,为合作社提供了稳定、高质量的鲜叶。合作社统一出资聘请专家到生产线上指导社员种植与制作,不仅如此,合作社还出资派遣社员到其他茶叶生产基地去学习配方施肥、病虫防治、越冬管理、风险应对和茶叶制作等方面的专业知识,学成后在全社进行推广。这样一来,既通过规范化的运作以及标准化的生产解决了原本"各自为战"的高山茶叶质量低下的问题,又以较低成本在全社范围内推广了先进的茶叶种植、管理、制作工艺,还推动了军营村高山茶产业规模化的发展,提高了茶农群体抵御市场风险的能力,可谓一举三得。

不仅村民们自身积极开展自救,当地的龙头茶叶企业也积极发挥带头作用,建立茶叶生产基地,发展订单农业,引导军营村形成独有的茶叶生产链,再度提升军营村茶叶生产水平,谋求共同发展。其中,同安区企业龙头恒利茶业等公司每年都组织军营村茶农们到镇上、市里参加生产技术培训;邀请农业部门技术专家、大学教授或者合作客户前来讲授种植技术,让军营村茶农们既身处茶叶生产的第一线,又能及时、充分了解市场的需求,做到高效率、有方向、不落空地生产、管理和发展军营村茶产业。一方面，恒利茶叶公司与当地茶叶种植户签订了生产捆绑协议，在正式进行茶品交易之前，事先在生产过程中为当地茶农提供高机能、无污染的化肥农药，进一步稳定茶叶质量；另一方面，军营村云山茶叶公司与村民们签订销售合同、租赁合同，通过引导生产过程和托管销售渠道带动村民们种植优质茶叶。在生产和销售的双重举措下，市场对军营村的茶叶有了更高的认可和期待，为了契合市场与时俱进的要求，市区农业部门为军营村茶农们提供了升级茶叶品种的帮助，让茶农们从原来种植较差的茶叶品种毛蟹、本山等，改良成种植单枞、乌旦等高优品种。目前，军营村出产的茶叶品牌以慕兰乌龙、雅毫铁观音等为主，孕育了恒利茶叶、银山茶叶等著名茶企。科学地改良茶叶品种、稳定地发展茶叶质量、合作共赢式地开拓茶叶销售渠道，高乘的茶叶质量让军营村的茶叶产业红火起来，军营村的人均收入也由此水涨船高。

（三）"互联网+"助茶兴

2014年以来，在经济新常态背景下，农村经济进入新阶段。2017年10月，党的十九大首次提出实施乡村振兴战略。伴随着网络数字化平台的发展和多个信息平台在人民生活中推进，发展数字化电商乡村，是优化乡镇经济发展的手段，是乡镇地区发展经济掌握主动权和话语权的时代机会，是新时代下具有广阔前景的乡镇发展新业态。军营村最早只是从事事务性劳动，村民们初步地生产茶叶，只有对应的劳务和初步批发收益，无法接触整合、包装、销售等阶段，没有把握军营村的特色产业的大头经济收益渠道。在积极发展了茶叶质量和品种之后，军营村开始应用农村电商创新发展模式。

虽然地处高山，通信、物流不便，但是紧跟时代发展的军营村村民们在移动互联网信息社会并没有落伍。通过"'互联网＋'带动军营村产业经济发展"大学生创业项目的引领，按照"互联网＋特色农产品＋多条农产品生产线"的思路，军营村开展了自己的特色农产品电商发展之路，在区委区政府和镇、村的支持下，由村民苏银坂牵头，通过网络平台成立了军营村第一家农村淘宝店，村民们紧接其后，共同成立军营村农村淘宝服务站，并建立军营村"互联网＋"农产品购销平台，网络展销平台借助O2O模式，通过最便捷的通信方式、物流方式和信息手段帮助村民实现网上代买代卖、网上缴费、创业培育、农产品销售等，通过线上平台直播、线下渠道推广，借助互联网上的巨大市场，进一步带动村集体经济发展和村民收入增长，以经济发展带动持续性的品牌投资效应，推进军营村多项产业协同发展。

农村淘宝店实现了茶叶产品和服务的网络化交易，在提供更新鲜、更实惠的商品的同时，还能大大减少交易过程中的损耗，真正拓展了乡镇电商、"互联网＋"、小微企业创新、农村产业融合几大发展方向，解决了军营村产业连接的空白。在农村人口向城镇流动的背景下，从内来说，军营村淘宝店的发展机会可以激活军营村本身的内在发展动力，推动村内对劳动力的需求，增加村民们的收入；从外来说，在提高村民们的收入，提高农产品的价格，带动军营村脱贫致富的同时，也真正缩小了军营村与城镇发展的差距，促进了军营村与城镇经济发展和消费能力的接轨融合。

除了借助网络展销平台展出和销售产品外，军营村也结合互联网新媒体展销的新需求、新偏好，组织村民参与乡村淘宝运营，借鉴近期兴起的一种新媒体销售形式，开展特色个人抖音直播带货模式，打造乡村新媒体达人。2020年5月8日，同安区工业和信息化局、同安区市场监督管理局、同安区总工会联合举办"同安安心消费节之'一村一品'大联展"，由主播"花生小姐"搭档军营村大学生村干部黄新捷，带着远在屏幕另一端的直播网友们沿着九龙溪一路欣赏军营村美景、特色农产品，周边5个"一村一品特色村"的村干部也带着白交祠地瓜、军营村高山茶、顶村茭白、田洋村甘蔗和郭山村紫长茄等特色农产品与网友们热烈交流，将军营村的农产品、乡村旅游产品的品牌建设融合到整个同安区的发展中，为军营村的发展寻求"突围"之道。村民苏银坂在2020年疫情期间，在同安区莲花镇政府支持下，邀请网红达人、村主任等具有正能量的角色型形象，一起进行"抖音带货"直播，向网络客户展示茶叶种植制作的过程，向大众展示茶叶生产各个环节，吸引了更多人对茶叶的好奇和热爱，增加了产品在市场中的黏性。后续，军营村仍然继续运作在互联网平台上的形象输出和管理，对制茶、做茶等农事活动继续直播，借助具有特色形象的个人打造面向消费市场的"红""香""妙"主力茶叶产品品牌形象，为高山乡村培养"新媒体达人"。

（四）"科技注入"纾困境

军营村茶农集体参加线上培训和面授学习，学习最先进的茶叶生产技术，应用在茶叶实际生产当中去，对品种选育、采摘时机、农药残留、重金属污染控制、炒制工艺乃至保鲜技术都进行紧跟市场的学习和开发，做到以市场为导向，以效益为中心，以科技为手段提高产品水平，走精细化道路，做到原料、技术、质量、包装四个"一流"；在发展生产技术，提高成品平均质量的同时，还加大力度治理自身特色的品牌效应和销售路径，开展淘宝之路，学习电商宣传和销售技术，利用互联网平台讲"茶叶的故事"，在茶叶推广的深度和广度上进行科学的地毯式铺陈，不断开拓军营村茶叶增效和增收的空间。在多方面科技手段的协助发展下，如今，军营村的茶业版图不断扩大，生产合作社生产的"毛蟹"出口日本以及东南亚国家，年销售额达 5800 万元；恒利公司种植生产的"莲花高山茶"销往日本、中国香港特别行政区等地，深受日本、中国香港特别行政区等地方客户喜爱，即使是在新冠肺炎疫情期间的订单也没有减少。但军营村在特殊时期，仍把抗疫放在第一位，他们捐款捐物，并与其他村庄以集体名义进行茶叶交换物资，用微薄之力减少国家负担。

紧跟时代的脚步、积极应用新的宣传手段固然没错，但农业发展进步始终还是要回归农业科技的进步。军营村龙头茶企厦门恒利茶叶有限公司在军营村茶产业科技的进步上迈出了坚实的一步：一是在培育高端品种上，打造"白毫野枞"高端茶叶品牌。由厦门恒利茶叶有限公司先行先试，变劣势为优势资源,启动了全镇7个行政村近5000亩抛荒"毛蟹"野茶树茶青的收购,改良制茶工艺,采用白茶制法打造高端野生茶"白毫野枞"(品牌已注册),经过初步加工炒制,茶叶口感好、香气足,经过制饼、包装等一系列深加工后,饮用和收藏价值大幅提高。2021年,恒利公司制作首批共5吨"白毫野枞"野生茶,带动周边村民增收致富,单劳务收入一项就可为周边村民带来200多万元的纯收入。二是在品种改良方面,引进"单丛"等名贵茶叶品种。恒利公司引进来自广东潮州地区的"单丛"茶叶品种,在圳上茶场试种9亩多,2021年5月第一批样品已经炒制完成,经过茶艺师品鉴,口感风味俱佳,直追市面上标价万元的高端茶叶。试种成功后,恒利公司还将继续扩大种植面积。

(五)"产业融合"展新风

中国是茶叶的故乡,是世界上最早种茶、制茶、饮茶并形成底蕴深厚的茶文化的国家。随着茶文化不断受到各个年龄层的认可和追捧,加之逐渐步入小康时代的人群的生活需求提高,人们对茶的使用已然不局限于喝茶、品茶,开始对和茶叶有关的一切事物与活动感兴趣,包括茶叶种类、种植、制作生产以及茶道文化等。

2018年1月,中共中央、国务院发布的《中共中央　国务院关于实施乡村振兴战略的意见》指出:"构建农村一、二、三产业融合发展体系。大力开发农业多种功能,延长产业链、提升价值链、完善利益链……实施休闲农业和乡村旅游精品工程,建设一批设施完备、功能多样的休闲观光园区、森林人家、康养基地、乡村民宿、特色小镇……发展乡村共享经济、创意农业、特色文化产业。"

军营村的茶叶观光茶园项目正是把握住了茶产业创新发展的关键。

观光茶园指的是以茶叶种植地为基础的新型茶园设计模式，从观光二字可以看出，主导该类型茶园的建设与发展是观光游览的市场需求，以茶叶种植为第一产业、茶叶产品及茶文化衍生品制作为第二产业、茶主题乡村旅游为第三产业的"三产融合"发展形态已基本成型。总的来说，观光茶园建设是军营村针对现有茶文化资源进行开发的良策。军营村挖掘茶园资源、建立茶园观光旅游的优势有如下几点：一是距离厦门城区近，能够很好地承接多层次消费能力的出游人群对于短途出行的需求；二是茶园坐落于环绕军营村的山野间，在军营村多年的治理下，山间清新自然、鸟语花香，茶叶采摘期间茶农们辛勤的身影构成一道靓丽的风景线，这种自然风光与生态风光恰恰是在城市生活中非常缺乏而人们又极其向往的，吸引着极为广大的受众群体；三是军营村茶文化底蕴深厚，军营村在300多年前就已经开始种植茶叶，随着茶产业的蓬勃发展，现村内更是修建了茶文化雕塑、露天茶台、制茶玻璃房等创意景观来营造"种茶、饮茶、爱茶"的氛围，满足不同文化需求的消费人群前来观光或体验。

二、"一村一品":特色产业品牌建设的具体实践

我国是传统农业大国,农业、农村、农民问题是关系国计民生的根本性问题。农产品流通产业良性发展是农业供给侧结构性改革的重要任务之一,也能为我国农业供给侧结构性改革的深入推进提供有效保障。我国农产品无论是在国内还是在国际都凸显出优势产品少、规模化程度低、竞争力弱、难以精准对接需求等问题。提高农产品质量和农产品竞争力不仅是打破我国农业发展桎梏的前提条件,也是无数乡村实现脱贫致富、"持续造血"的必经之路。

提升农产品质量、打通农产品销路、增强农产品竞争力,需要品牌本身的力量。品牌打造最重要的一环是通过对农产品整个生产到成品过程的把控,显著提高农产品的品种、生产规模、质量等核心要素。品牌是一种无形的资产,是让农产品获取认知度的重要渠道,是源于田间地头的农产品品质与特色的象征,更是让农产品在当下人们日益自由、丰富的消费选择下脱颖而出的重要手段。成功的品牌建设为农产品所带来的溢价及稳定的价格,能够很好地突破农产品低利润的商业模式,深入解决台风、旱涝等自然灾害对农产品生产的不确定性问题,更是衡量农业现代化程度的一个重要指标。为推动农产品品牌建设,中央一号文件近年来多次关注农产品品牌:2005年指出要"整合特色农产品品牌,支持做大做强名牌产

品";2008年提出"培育名牌农产品,加强农产品地理标志保护";2015年和2017年则分别指出要"大力发展名特优新农产品,培育知名品牌"和"支持新型农业经营主体申请'三品一标'认证,推进农产品商标注册便利化,强化品牌保护";2018年,在党的十九大指出中国特色社会主义进入新时代以及实施乡村振兴战略的背景下,中央一号文件则提出要"实施产业兴村强县行动,推行标准化生产,培育农产品品牌,保护地理标志农产品,打造一村一品、一县一业发展新格局"。[1]

2009年,厦门市正式启动"一村一品"工程建设。经过一年的发展,2010年,厦门市就已初步形成具有区域特色的农业优势产区和产业带,全市中年种植蔬菜面积万亩以上的镇有6个,千亩以上的专业村有40多个,全市特色农业总面积达8.4万亩,占种植总面积的20%,总产值达5亿元,占种植业总产值的40%。军营村茶叶、新店的胡萝卜、洪塘郭山村紫长茄、新圩古宅大蒜、灌口田头的槟榔芋、莲花白交祠的地瓜、汀溪顶村的茭白……这些特色农产品,已是远近闻名。[2] 同年,同安区政府决定,每年由区财政局拿出100万元,建立"一村一品"以奖代补扶持基金,对承担"一村一品"项目的村委会、农民专业合作社和农村专业协会给予奖励。坚持"典型示范,全面带动"的发展要求,选择一些群众种植基础好、市场潜力大的主导产业,通过政策引导、重点扶持,发展主导产业,壮大产业

---

[1] 吴浩.农产品区域品牌建设路径研究[D].成都:西南财经大学,2019.
[2] 厦门日报.实施"一村一品"促进农民增收[EB/OL].(2010-03-09)[2010-03-09].http://epaper.xmnn.cn/xmrb/20100309/.

规模。❶军营村在"一村一品"实践中,取得了非常骄人的成绩。2011年,根据农业部《关于公布全国一村一品示范村镇名单的通知》,认定全国322个村镇为全国一村一品示范村镇,军营村(茶叶)名列其中。❷

发展"一村一品"是推动农业现代化、农业专业化建设的重要举措,是达成农村人口收入可持续增长从而实现地区农业跨越发展的重要手段。军营村在"一村一品"的实践中取得了显著的成果。军营村的发展实践说明:"一村一品"有效地推动了军营村农业和农村经济的发展,增加了农民的收入,为农民奔小康奠定了基础,深受广大农民群众的喜爱;发展"一村一品"有利于军营村农业现代化的实现和社会主义新农村的建设,对推进农业产业化、乡镇政府转变职能服务农民、发展经济起到了奠基作用;军营村在"一村一品"的实践中,在生态文明建设的基础上,通过对本村特色农副产品、自然环境资源的深度开发利用,达到了"政府推动、社会联动、农民主动"的良好发展格局,是军营村生态文明建设和乡村振兴战略实施的重要成果,对军营村实现脱贫,保证农民持续增收具有重大意义。

俗话说:"五里不同风,十里不同俗。"不同的村庄之间哪怕只是相隔数里,也会产生不同的风俗和特色。这句古谚所蕴含的智慧与"一村一品"的内涵相契合——差异的存在使各地域拥有自己的比较优势,譬如有的地方自然资源丰富,有的地方区位优势明显,有的地方经商传统悠久,有的

---

❶ 洪清波. 同安区多措并举大力发展村集体经济[EB/OL].(2013-05-16)[2013-05-16]. http://www.xmta.gov.cn/zc/gzdt/ztbd/201706/t20170608_228539.htm.

❷ 中华人民共和国农业部. 农业部关于公布全国一村一品示范村镇名单的通知[EB/OL].(2011-09-20)[2011-09-20]. http://www.moa.gov.cn/nybgb/2011/djiuq/201805/t20180522_6142805.htm.

地方人文底蕴深厚。例如广东省依靠自然风光、饮食文化而推出的广州市花都区狮岭镇义山村的"休闲农业"与广东省汕头市澄海区东里镇南畔洲村的"狮头鹅";云南省立足本地资源优势,统一规划,合理布局发展下的"斗南花卉""元谋番茄""建水洋葱""洱源大蒜""昭通苹果""华坪芒果""蒙自石榴"等;而军营村,最具有比较优势和地域特色的资源,就是区别于其他地域的气候、水文条件所孕育出的高质量农产品。在"一村一品"的长期实践中,军营村的村民以村为基本单位,充分考察本村气候、地形、水土情况,做到充分认识自身优势的同时与市场需求紧密联系,大力推广种植、开发具有本村比较优势的产品,在政府的引导下、在社会各界的支持下,成功把比较优势转化为产业优势;进而,通过大力推进规模化、标准化、品牌化和市场化建设,发展出一系列区域特色明显、市场潜力大、附加值高的主导产品和产业,乘上国家发展、厦门发展的大势,把产业优势转化为经济优势。

(一)"军营红"小番茄

要想产业稳定发展、村民持续增收,军营村不能只靠种茶、产茶、赏茶,科技兴农、科技兴茶并不是要求仅依靠茶产品一项优势产业,如此广阔而富有生命力的土地上结出来的新果实,也应该融入乡村经济发展的版图。军营村通过土地流转模式租用农民土地,与省级重点农业龙头企业百利种苗公司达成合作,共同建设了"军营红"番茄基地,种植经济价值高的越夏小番茄。"军营红"番茄基地种植的番茄品种是由百利种苗公司提供的优良品种。百利种苗公司以成熟的监管体制，严格管控小番茄种植的全部流程，严格参照"绿色有机"的标准，立足于军营村较高海拔的山区带来的昼夜温差大、接受阳光直射时间长的区位优势，使"军营红"番茄基地生产的小番茄能做到比市面上普通的小番茄糖度高6~7度。种植流程的"绿"搭配上成品"军营红"小番茄的"红"，正好与军营村生态环境的"绿"及军营村特色历史背景的"红"交相辉映，往往基地出产的小番茄还处于生长期就已经被全部预订，加之百利种苗公司在厦门拥有如厦门元初、每时美季、国民水果等商超稳定、高档的销售渠道，"军营红"可谓正在走入厦门的千家万户。

（二）军营地瓜

闽南地区人民所称的地瓜，即红薯、番薯、甘薯。地瓜是一种高产而适应性强的粮食作物，块根除做主粮外，也是食品加工、淀粉和酒精制造工业的重要原料，根、茎、叶又是优良的饲料。在过去生产力低下的年代，地瓜多做主粮，这也是军营村百姓在回望穷苦过去的时候念叨的"地瓜当粮草，孩子当背包"景象的原因。随着人们生活条件的不断改善，地瓜不再是人们餐桌上的常客，但对于许多人而言，地瓜是"小时候的味道""记忆里的味道"。

地瓜喜光，属不耐阴的作物，植株的生长对光能要求非常高。军营村的光照条件极优，地瓜从茎叶期开始就能得到充分的光照时间，地瓜受到的光照时间越长生长周期就越长、光合效率就越高，良好的光照使较多的养分积累到块根上，促使块根膨大，所以军营村所产地瓜产量高、质量优，是军营村具有特色、优势的农产品之一。军营地瓜能直接从田间运往农贸市场满足厦门市城区及周边乡镇的需求，军营村还为地瓜注册了品牌、设计了包装，将其打造成了军营村的明星产品。

2019年11月21日，军营村地瓜的名气可谓冲向世界。借着参加厦门市金鸡百花电影节的空隙，陈道明、吴京、姚晨、黄晓明、杜江、梁静等文艺工作者到访同安区军营村。在尝过地瓜、糍粑等土特产之后，文艺工作者们纷纷化身为军营村土特产的代言人，"战狼"吴京拿着地瓜对着镜头说道："特别好吃！希望大家能多多来品尝。"开过"中餐厅"的黄晓明，在美味的军营地瓜前毫不克制，边吃边对军营地瓜赞不绝口。❶

除了出售给合作社及企业之外，军营村的村民还会把收获的地瓜进行简单的加工，在阳光充足的家门前空地上进行晒制，故每到地瓜收成的季节，村道上就飘着一丝丝地瓜的清甜，来到军营村旅行的游客总是抵御不了这种味道甘香、质朴又健康的美味；村民经营的农家乐餐厅会开辟专门的区域供旅客们体验土法煨番薯的乐趣。军营村的新鲜地瓜、地瓜干，如今在包装上都换了新装，无论是作为山乡旅行的纪念品，还是作为原生态粗粮的营养补充，又或是用来待客送礼，军营地瓜都成了高山旅客伴手礼的不二之选。

---

❶ 朱黄. 众明星"代言"同安地瓜 陈道明、吴京、姚晨等文艺工作者走访军营村［EB/OL］.（2019-11-22）［2019-11-22］. http://www.taihainet.com/news/xmnews/szjj/2019-11-22/2329765.html.

(三)军营岩葱

岩葱，也叫山韭菜、宽叶韭、野韭菜，是一种长在高山上，形似韭、味似葱，具有很高食疗价值的蔬菜。岩葱性喜阴凉、湿润，所以无法在平原生长，最适合岩葱的生长环境是阴凉湿润的岩石缝，这就是岩葱名字的得来之意。处于高山之上的军营村是岩葱生长的天堂，是军营村庭院经济引种的典范，不必特意照料打点，岩葱也能保持良好的生长态势，为军营村的餐桌呈上一道简单的美味。军营村的餐馆、农家乐均推出岩葱炒蛋、清炒岩葱等菜品，受到高山游客的热捧。

(四)军营佛手瓜

佛手瓜，又名隼人瓜、寿瓜、丰收瓜、合手瓜、捧瓜等，这种瓜外形如同两掌合十，类似佛教的合掌，有祝福之意，因此得名。佛手瓜既可以做菜，又能当水果生吃，口感清脆，营养价值丰富，能增强人体对疾病的抵抗能力。20世纪传入我国后，在福建、广东、山东等地大量种植。

从种植的角度看，佛手瓜对气候土壤的适应性强、抗病能力强，易获高产；果实耐贮藏，常温下可由10月上市期一直放到翌年4月，风味基本不变；鲜瓜中含有丰富的蛋白质、纤维素、碳水化合物，以及维生素、核黄素、钙、磷、铁、锌等。

佛手瓜在军营村有着广泛的种植基础，由于军营村海拔高、气温低、无污染、水质好，高山上种植佛手瓜少有病害，更没有喷洒农药，是名副其实的绿色无公害食品。佛手瓜的果实、嫩茎叶、卷须、地下块根均可做菜肴，又能当水果生吃，是军营村农家风味菜肴供不应求的明星产品，深受当地村民和游客们的喜爱。

除了食用价值和实用价值以外，佛手瓜还有一定的观赏价值：庞大茎蔓可做饲料；瓜蔓可作为强纤维的来源，用来加工绳索；果形优美，瓜藤生长密集、枝叶茂盛，且不吸引昆虫，村民多将其搭建为瓜棚并下设桌椅茶具，融入乡村慢生活的整体格调，成为高山乡村的一处独特风景。

厦门旅游集团下属的厦旅中星文旅有限公司依托以往成功开发"顶上人家""海上田园"等乡村旅游项目的经验，引导与规划军营村村民对佛手瓜、地瓜、岩葱等土特产的种植，融入军营村独具特色的古厝、庭院、村道以及新开发的特色民宿的建设，使军营村的村容、村貌迈向新时代新建设的同时，仍保有原始的乡村特色。将军营村乡村面貌以及新建民宿产品的设计由粗放、简单向特色、专业方向提升；利用现有的瓜架、瓜棚融入文化创意体验，创立瓜棚茶文化体验区，将本地特色通过创意转型，促进第一、第三产业融合，增加农民收入和农产品附加值。

军营村地瓜、岩葱、佛手瓜等农产品，均符合发展庭院经济的要求。庭院经济是指农民以自己的住宅院落及其周围为基地，以家庭为生产和经营单位，为自己和社会提供农业土特产品和有关服务的经济，是农业经济的组成部分。它的特点主要有：合理开发农业土特产资源；继承和发展传统技艺，是农村商品生产的重要基地；是提高农民生产技术和积累经营经验的园地。生产经营项目繁多，模式多种多样；投资少，见效快，商品回报率高，经营灵活，适应市场变化，集约化程度高；利用闲散、老弱劳力和剩余劳动时间，是消化农村剩余劳动力的有效途径。

我国大部分人口分布在农村或小城镇，家家户户有大小不等的庭院可以利用，发展庭院经济有很大潜力。其重要的经济性作用，可以利用院落占用的土地资源、利用闲散劳动力和不宜到大田劳动的劳动力，通过系统组合，使生产中的各种废弃物得到充分利用，用较少投入获得比较高的效益。满足社会的各种需求，增加农户的经济收入；庭院经济通过适当改造，能尽快生产出各种名、优、特产品，经济效益高。一个普通庭院通过3~5年的时间就可以成为高效的院落生态系统，能尽快富民。庭院经济可以把经济建设和环境建设有机地结合起来，既可获得较高的经济效益，又可美化生活环境，使经济效益、生态效益和社会效益实现高度统一。

第四章
一河碧水映青山——军营村的生态整治

第一节 整治村容村貌 改善乡村环境

《庄子·齐物论》有云:"天地与我并生,而万物与我为一。"《荀子·天论》有云:"万物各得其和以生,各得其养以成。"

人与自然和谐共生的生态自然观,绝对不能等同于曾流行于一时的自然中心主义的空幻观念,更不是要放弃人类社会的发展和文明成果,而只强调和谐共生。古埃及、古巴比伦以及我国的古楼兰、河西走廊和黄土高原等地,都由于过度开发、生态破坏而衰败。所以,即使回到落后的前工业社会,只要人与自然相对立的观念不改变,对待自然的功利性态度不变,生态灾难就难以避免。人与自然和谐共生的生态自然观不是反对发展,追求所谓的零增长,更不是退回到自然状态,而是从根本上改变发展方式和生活方式。

生态环境问题归根结底是发展方式和生活方式问题,要从根本上解决生态环境问题,必须贯彻创新、协调、绿色、开放、共享的发展理念。这实际上是要求在人与自然和谐共生的生命共同体中,人类必须承担起更高的责任。不但要尊重和保护自然,而且要促进自然的生息和谐;不但要节制自己的行为,而且要从根本上改变整个发展方式和生活方式,进而建构一种新的人类文明形态,即超越工业文明的生态文明。军营村本身并不具有工业社会的显著特点，其发展主要依靠第一和第三产业，所以这就导致了其对于自然的依赖性更强，通过生态文明的方式，才能使其发展进一步深化。因此，贯彻落实"绿水青山就是金山银山"的生态发展观、"五位一体"的生态社会观、"环境就是民生"的生态民生观对其可持续健康发展的意义重大。

"绿水青山就是金山银山"的生态发展观的深刻内涵，是我们国家经济社会发展进入高质量发展阶段的必然要求，是科学发展观的丰富与发展，同时也为军营村的建设指明了新的方向。

让我们把时间倒转到20世纪80年代。那个时候，还是一片荒芜的军营村，岩石裸露，景观裸露。30多年来，这里已成为一个鸟语花香的绿色梯田茶园，这里已成为一幅美丽的乡村风景画，在秋风的吹拂下"波浪"涌动。经过30多年的努力和探索，军营村逐步开始封山育林，培育万亩茶园。在人们不懈的努力下，山上渐渐披上了绿色的衣服，山坡上堆满了层层茶园。军营村先后荣获"中国最美休闲村""全国文明村""福建省文明村""福建省美丽乡村建设典型示范村庄"等荣誉称号。

在全面贯彻落实"五位一体"规划的具体实施中，军营村实现了巨大的转变：农村的瓦房逐渐被欧式房屋所取代；无序的村道也成了路边花草丛生的乡村小道；屋前屋后，杂草已全部除掉，现在是一个干净整洁的乡村环境（图4-1，图4-2）。此外，军营村还开发了小南村、七彩池、战地古堡——防空哨所、观景台——金山阁、文化遗产——关帝庙、自由野趣——九龙溪台阶栈道等景点。

第四章 一河碧水映青山——军营村的生态整治

图 4-1 军营村整洁的民房

图 4-2 村道现貌

2019年8月前后，军营村刚刚完成147栋房屋由平房向坡房的改造。作为厦门市唯一的省级农村人居环境整治提升试点村和厦门市乡村振兴重点示范村，军营村在过去的一年里，大力开展了农村人居环境整治行动，其中最直观的，便是村民住宅房屋的变化，它们由过去的形态各异、参差不齐，逐渐改造成了如今的红砖白瓦、错落有致。

在过去的几年来，厦门市各级部门紧紧围绕"生态宜居"的理念，积极推进军营村中央溪流整治、裸山整治以及美丽庭院建设，使山体更绿、水体更清、房前屋后更美。

素来被誉为"闽南小九寨沟"的七彩池，是外地游客来到军营村的必游之地。月牙形的池子晶莹剔透，宛如一面镜子。然而，在过去，周边裸露的群山让七彩池黯然失色。而如今，七彩池周边光秃秃的山上新栽了上万棵树苗。

根据军营村党支部书记高泉阳的介绍，军营村和白交祠村范围内的17处小范围的裸露山体已得到了治理，军营村另有1600亩生态林也已得到修复，两个村近20000亩山地已变得绿意盎然。

中心溪的整治，也是2018年军营村的重要工程之一。根据军营村村民的叙述，原来的中心溪杂草丛生，河床多为淤泥，部分污水流入，造成了环境的极大恶化。

后来，村里请来了专业的设计师和相关工作人员，重新规划设计了中心溪。施工人员对原河道进行排水，先在河道底部安装污水管道，然后将整个河道建成卵石护岸，并在河道一侧修建亲水步道，方便人们沿河步行、健身和观光。短短几个月，这条小水沟就成了一条生态小溪。河水清澈见底，河底的卵石清晰可见。

借助落实发展"五位一体"政策，推进生态宜居乡村建设，不仅使军营村的风貌得到了翻天覆地的改变，而且为军营村发展乡村旅游提供了契机，可谓一举两得。

第二节　深入推进"一革命、四行动"

2018年，军营村被列为厦门市唯——个省级人居环境整治示范村。

2018年底，军营村完成新建5座农村公厕，较好地满足了旅游人员及村民的需求。而且在大家的共同努力下，军营村实现了全面消除传统不卫生的露天旱厕目标，帮助村里每家每户通了水管，盖起了卫生间。每户人家都有了自己的浴室，"原来差不多十来天才洗一次澡，也就是用木桶搞点水，用毛巾擦擦，衣服也是长时间不换"这样的窘境也不复存在。军营村已完成了公厕建设及厕所无害化改造任务，深入推进"厕所革命"。

开展农村垃圾治理行动。还没有进行改造建设之前，军营村的垃圾处理问题一直是村民生活的一大困扰。由于地理位置的限制，军营村村民原来选择在房前屋后挖坑，把垃圾直接倒在坑里。时间一久，不仅气味异常难闻，到了夏天更是恶臭熏天；更严重的是，这种处理垃圾的方式直接导致了土地的大面积污染，极大地浪费了对于山村而言极为宝贵的土地资源。基于此，村委会选购了大量城市常见的垃圾桶摆到了各家各院的门口，并且请了5名保洁员，每隔两天集中收一次垃圾，然后通过垃圾车及时运走，最后在垃圾处理点统一进行环保处理。村里的垃圾终于得到了一个良好的归宿。作为全市垃圾分类试点村，军营村还积极引进专业公司运营，通过"小手拉大手"，实现"垃圾不落地，减量零排放"。2019年1月1日起由同安城建管护公司负责村庄保洁、垃圾转运和打扫工作，健全农村垃圾处置体系，完善村庄卫生保洁长效机制，确保"一把扫把扫到底"。

开展农村污水治理行动，军营村结合步道建设实施溪流污水管网改造工程；建设三格化粪池、隔油池、小型污水处理站等污水处理设施。

开展农房整治行动，军营村共整治农房300多栋。农房整治平改坡、立面改造实施后，军营村换上了新装，屋顶戴上了红色、灰色的"斗笠"，军营村军营红，扮靓村庄高颜值。

开展村容村貌提升行动，自2018年10月启动该行动以来，军营村通过建成美丽庭院、生态溪流、乡土文化、杆线规整等，大力发展庭院经济，种菜种果，把田间变公园、步道变绿道。

2018年，军营村邀请专业规划设计机构对军营村的"母亲河"——九龙溪进行重新规划设计、治理，溪流岸边修建亲水步道，鹅卵石环岸而砌，如今水流潺潺，清澈见底，小草野花环绕溪边，小鱼徜徉溪中富有野趣，被誉为厦门市"乡村营造典范之作"。

> 荒山戴上帽，青山今常在。
> 治好九龙溪，绿水最生态。
> 赢得近者悦，唤着远者来。
> 山村美如画，换得遍地财。

如小文中所说"绿水最生态""山村美如画"，顺着美丽乡村、共同缔造的发展思路，军营村把生态文明建设真正从口号落实到各种实践中来，把原来那个脏乱差的落后小山村，变成了如今这个整洁干净、文明有序的美丽新农村。

第三节　村民自身文明观的改变与建设

生态文明建设同样包括人自身文明观的建设与改变。为了推动村民养成良好的卫生习惯和文明观念，军营村更是别出心裁地用肥皂、沐浴露做奖励，鼓励村民勤洗手、多洗澡、注意个人卫生，养成良好的文明习惯，并在村里反复宣传强调，画海报、写标语，从外到内，深入推进生态文明建设。

沿着蜿蜒的山路盘旋而上，一路上绿色的茶田与参差不齐的树木映入眼帘。为了使茶叶更好地生长，也为了建设交通、构建更好的生态环境，军营村村民自发修剪、维护茶园。如今，层层叠叠的茶园梯田井然有序，景色如诗如画，好似一幅山间图景在我们面前铺陈开来。

进入村落，生态文明建设的成果更是格外显著，美丽新农村生机勃勃地在眼前一一展现。映入眼帘的是被收拾得干干净净的街道，井井有条的庭院；依山而建的闽南民居，顺着起伏的地势，错落在山间；其中不乏历经百年的传统古居，古色古香，韵味深长。

鸡和鸭是在农村最为常见的家禽，军营村自然也不例外。在军营村，几乎有大半个村的人家养鸡鸭。但卫生问题也随之而来。散养的鸡鸭在村子里闲庭信步，随之产生的粪便把村子弄得很脏。于是，为了更好地打造军营村的生态环境，美化村容村貌，村里开始号召大家把鸡鸭进行圈养，并且帮助村民们修筑了大量的鸡舍鸭笼，给各家各户散养的鸡鸭提供了一个个容身之所。不仅路上的鸡粪鸭便少了，而且因为躲让随意闯入道路中间的鸡鸭而发生的意外也少了。

所以，军营村的美丽乡村建设能够取得今天的成效，绝对离不开村民们的共同参与努力。"除了保洁员的工资是由村里出的一点外，其他都是村民自发义务参与。"村党支部第一书记谢育添说，"现在大家都养成了卫生习惯，看到路上有垃圾都会主动捡起来，扔到垃圾桶里面。"

值得一提的是，军营村的老人协会为环境卫生发挥了很大作用。"每个月组织老人义务打扫一次。"协会会长高求来说，"老人都很乐意。"

谢育添书记还说，军营村目前已形成一套完善的卫生管理长效机制，如"道路硬化、村庄绿化、环境美化、夜间亮化"工作，并且在市、区环境卫生评比中，军营村连续三年获得第一名。

第五章

文化创新——军营村的文旅之路

第一节　军营村的特色民族文化

一、莲花褒歌唱响非遗民俗

相传，莲花褒歌起源于明代嘉靖年间，是厦门莲花山区一种以独唱、男女对唱为主要形式的民间歌种，具有悠久历史。褒即表扬赞扬之意，褒歌即为用于赞美的歌曲，同时褒还有戏谑的嘲讽之意。褒歌是劳动人民调节劳动、为劳动打气鼓舞、于劳动闲暇之时进行的休闲活动，旧时褒歌多用来表达男女情爱，宣扬道德思想、教义规范；后来也用于歌赞时代与生活。褒歌与汉代"相和歌"相同，因此褒歌也叫相褒。

褒歌是村民在劳动中即兴创作表达情感的歌曲，男女双方对唱相褒，一唱一和，一问一答，内容短小精悍，题材广泛随意，没有固定形式、规矩，只追求朗朗上口，娱乐大众。一般每首四句，句句押韵，情感真挚自然流露，歌词通俗易懂。莲花褒歌多采用俚语、谚语、俗语，运用闽南方言，一问一答，一提一对，歌词一般四句押韵，每句七个字，每首四句，反复多次，所以亦称"七字调"或"七字仔"。歌曲一般采用比兴的手法，类似《诗经》，前两句运用比喻或者直接描写形象的事物或情景，引出后两句起兴，抒发作者情感和歌唱者心中的愿望。由于褒歌的创作者都是普通的农民，因此他们选取的题材事件都是劳动生活中的小细节、小故事，看似微不足道而读来细腻动人，真实的生活情趣最能打动人心。

"褒歌则山歌。采茶之时，男女唱酬，互相褒刺，信口而出，辞多婉转；亦曰采茶歌。"军营村有着悠久的茶文化历史，且坐落于海拔1000多米的山区，茶园以梯田的方式层层叠起，特有的生活、生产方式使人们创造了许多茶歌，如同拉货的工人有号子，种地的农民有秧歌，茶园的百姓也有褒歌。褒歌内容丰富多彩，形式多样，充分体现了劳动人民种茶、采茶、炒制茶叶的生活，歌中也展现了福建山区的大好风光和农家生活的风土人情，茶农以褒歌抒发情感，歌颂家乡，舒缓疲倦。褒歌曲调优美，婉转动听，伴随在茶农的生活劳动中，使人从歌中就能感受到浓浓的茶香氤氲。

军营村是使莲花褒歌这样的文化遗产活起来的地方，莲花褒歌的历史在此传承，勤劳朴实的村民在农闲之时或者传统节日之际，都会唱起莲花褒歌。莲花褒歌在多年的发展下，内容、形式变得更加丰富，人们将歌唱与舞蹈结合在一起，配合各种乐器的演奏，或歌唱传统男女情爱，或赞颂时代功绩，或赞扬美好生活，等等。在军营村的广场上，村民们围坐一团看着舞台上载歌载舞的人，听着熟悉的莲花褒歌，享受一天农作后的悠闲快乐。莲花褒歌是一代一代智慧的劳动人民创作的伟大作品，它包含着人们对美好生活的向往，对财富的探索和追求，对生活的热爱。它不仅是山歌，更是精神的寄托，是幸福的象征。褒歌用农民最朴实的语言——闽南语，唱出心中的向往和希望。

今天，莲花褒歌不仅是农事活动的号角，更是文化繁荣的象征，是古老乡村能够绵延生机的表现，是远在他乡的游子思念故土的寄托，是乡村悠闲美好慢生活的展示，更是军营村走出去的特色文化。当耳畔再次响起"山歌是一碗上好的菜肴/让我们乡亲一天三顿吃饱/山歌是一件漂亮的衣裳/让姑娘穿起来水当当……"的曲调时，我们都会慢慢被吸引着并沉浸其中，且在悠然而热闹的山歌中洗涤身心。

今天，乡村经济已焕然一新，新农村建设稳步向前，基层政府拥有更多实力和精力关注文化问题，一系列的保护措施推行，使莲花褒歌穿越旧时代，重新焕发生机。由于莲花褒歌采用闽南语演唱，因此在传承和推广中也遇到了许多困难，存在一定的局限性，各级政府机关机构部门不断推出各项措施，落实莲花褒歌的保护传承工作。2007年，莲花褒歌被列入福建省第二批省级非物质文化遗产名录，厦门市文化广电新闻出版局、同安区文体局、同安区莲花镇人民政府于2007年开始推进军营村的茶园举办褒歌比赛，最初比赛规模很小，第一届只有8支代表队伍，其中有3支队伍来自安溪地区。到2013年第七届褒歌大赛，已有近百支队伍参加，最小的参赛选手是年仅6岁的小学生；而到了2014年，第八届褒歌大赛举办之时，台湾地区也有代表队伍前来参赛。2019年7月22日，莲花褒歌登上中国原生民歌节的舞台，这是莲花褒歌首次登上国家级舞台的表演，也是同安区在改革开放以来第一次有文艺节目进入国家级演出舞台。褒歌文化是军营村村民精神生活的重要组成部分，同安区政府专门拨出经费用于组织莲花褒歌的保护性排练演出，邀请专家进行辅导，组织村民进行排练，作为非遗文化项目予以传承并发扬。可见，小坪村褒歌比赛的辐射带动面已经显著扩大，经过十三届的推广宣传与保护，褒歌已经成为军营村一大旅游特色，每年正月十五元宵节的褒歌比赛就吸引着成千上万的游客慕名而来，欣赏这独具民族特色风情的褒歌对唱表演。此外，军营村整理发行了部分经典褒歌，通过互联网让更多的人认识褒歌；出版讲述褒歌故事、介绍褒歌历史的相关图书让更多读者了解褒歌文化；在军营村旅游特产纪念品商店里，也有许多印着褒歌歌词的特产。此外，还设立专门的褒歌馆作为一大旅游景点供游客参观，通过褒歌短剧的形式，让游客在其中欣赏品味褒歌之美，并近距离接触褒歌这一艺术形式。在旅游推广中，军营村充分调动游客的积极性和主动性，在褒歌表演中积极与游客互动交流，例如，请游客现学现唱一段褒歌歌曲。

政府还跟各中小学校合作，开展褒歌进校园活动，让学生了解、学习闽南传统文化，感受非物质文化遗产的魅力；学校还专门开设乡土音乐课，为学生提供欣赏、了解褒歌的机会。学校鼓励学生开展课外兴趣小组，调查研究褒歌发展历程及艺术特色；定期组织学生观看褒歌比赛，力将传统褒歌文化加以创新，融入现代流行音乐元素，培养学生对褒歌的兴趣。此外，军营村也积极与各高校音乐专业师生合作，对褒歌进行系统与深入的研究分析，细致具体地进行实地考察采风。通过接触褒歌传承人，观看褒歌表演，了解旧时期褒歌形式，挖掘其潜在深层价值，进而对其进行创新发展。在保存原有褒歌特点的基础上，利用褒歌素材进行新的创作，加以艺术化的处理和改造，融入现代流行音乐元素，推陈出新。例如，厦门大学艺术学院的作曲教师罗赛芬教授以莲花褒歌为素材创作了民乐合奏《莲花褒歌》等作品，将传统褒歌艺术形式与现代新演奏形式相结合。

近年来，村民创作了褒歌调《茶乡来了总书记》："太阳起来红支支，姑娘采茶四月天，茶乡来了总书记，乡亲日子节节甜……"来记录习近平总书记到访军营村的难忘记忆，以及习近平总书记给大家留下的平易近人的可亲可敬的形象。褒歌紧扣时代振兴发展主旋律，歌颂新时代脱贫致富奔小康的新征程和百姓生活越来越安乐富足的奋斗功绩；牢记习近平总书记对军营村乡村建设的详细指导与重要论述，感恩总书记对军营村百姓的记挂与想念；歌唱美丽乡村的新发展、乡村振兴的新建设和富强祖国的新征程。

如今，莲花褒歌已然成为军营村的特色文化，成为军营村的文化名片，也为军营村的乡村旅游增加了绚丽传奇的文化之笔。

莲花褒歌赏析：

手提茶卡三角尖

采摘茶叶着惜枝，专心摘采心会平，

趁着南风好天气，好茶出卖整家私。

这是一首描写劳作类的褒歌，前两句描写采茶叶的场景和心情，后两句表达歌者希望茶叶丰收卖得好价钱的心愿。

身背茶卡采茶叶

女：身背茶卡采茶叶，脚踏茶枝软摇摇，

　　看见哥来不敢叫，假意叫鸡喊耐叶。

男：哥挑茶担两头摇，欢欢喜喜过木桥，

　　听妹歌声回头笑，想要与妹你相招。

《身背茶卡采茶叶》是一首描写爱情的褒歌，先由女子起唱，以背茶、采茶、脚踩茶地的场景开头，写出了看到心爱的男子却不敢与他打招呼的少女羞怯姿态。接着男子与女子对唱，写出了男子挑着茶担时，听到女子的歌声后欢欢喜喜地过桥想要与心爱的姑娘打招呼的情景。寥寥几句话使男女之间质朴纯真的爱慕之情跃然纸上，以劳作活动为背景描写歌颂爱情，含蓄蕴藉，但又充满乡野青春气息。男女主角的唱词都是由农事活动场景为开头进行起兴描写，再抒发人物内心或娇羞或欣喜的恋爱感觉。

松柏砍倒头原在

松柏砍倒头原在，天配人事巧安排，

阿娘生水歌意爱，亲像仙桃挽袂来；

一支雨伞圆辚辚，遮高遮低遮哥身，

阮娘无遮不要紧，我哥无遮头壳晕。

《松柏砍倒头原在》同样是一首描写爱情的褒歌，通过下雨遮伞时女子

第五章 文化创新——军营村的文旅之路

对男子的偏爱这样的生活小细节来表现男女爱情。歌曲的开头先用松柏起兴，意在说男女之间的缘分是上天安排的。接下来两句直接表达男女之间互相爱慕之意，最后借打伞之事抒发女子对男子的疼爱和珍惜，情感直白大胆，真切动人。

水仙开花香过溪

男：水仙开花香过溪，

阿妹洗衫头犁犁；

阮有一领寄你洗，

怀知工钱要外坐？

女：水仙开花香过溪，

阿妹洗衫头犁犁；

别人要洗三元八，

咱哪相好怀免拿。

《水仙开花香过溪》歌曲以环境描写起笔，写女子在溪边浣衣遇到男子的情景，男子请女子帮他洗衣服，女子因为他们交好的感情而乐意为他洗衣服，洗衣服这样的生活细节表现出两个人亲密暧昧的关系。那些淳朴的男男女女用最普通不过的日常劳动浣衣来表现彼此的亲密和对对方的爱慕，爱情的美好和朦胧跃然纸上，让人心生向往。

日头出来丢丢红

女：日头出来丢丢红，

　　过路阿哥少年人；

　　讲出名姓给阮知，

　　免得给阮问别人。

男：这丘看过那丘田，

　　我是九湖种花人；

　　问阮名姓啥代志，

　　敢是跟阮同齐走？

《日头出来丢丢红》，这首歌以初升的太阳红彤彤为开头，女子大胆问暗恋男子的姓名，男子也爽快地报上名字回应女子确认其爱意。爱情的表达真挚大胆，勇敢直白地说出自己的心声，且两人情投意合、互相爱慕，更显民风的质朴纯洁，对爱情的描绘奔放浓烈，如烈酒火热回甘，带有醉人的魅力。

佛祖出门坐莲花

男：佛祖出门坐莲花，

　　招你阿娘来褒歌；

　　有歌有曲作你褒，

　　无歌无曲来这学。

女：厦门出有鼓浪屿，

　　龙船出海半沉浮；

　　阿哥褒歌有确输，

　　紧给阿娘拜师傅。

《佛祖出门坐莲花》，这首褒歌描绘了男女斗嘴、打情骂俏的场景，两人争论唱褒歌的水平的高低，没有宏大的主题、新奇的立意，只是歌颂生活场景，朴实而真诚，简单而贴近生活。

褒歌好唱难开头

女：褒歌好唱难开头，

　　木匠难做走马楼，

　　打石难打石狮头，

　　打铁难打钓鱼钩。

男：船仔摇摇在江心，

　　日间唱歌暝弹琴，

　　人说我是安乐王，

　　自解忧愁唱开心。

《褒歌好唱难开头》，这首褒歌以万事开头难做引子，列举褒歌、打石、打铁等活动都是开头最难，接着男子歌唱自己生活的安逸闲适，表达了无忧无虑的自在心境。

二、祭祀礼仪唤起神秘文化

福建省山水相依的地理环境孕育出庞大复杂的信仰体系，闽南文化也衍生出极为多元化的信仰文化。为适应这种多元复杂的信仰文化，闽南人发展出了与之匹配的祭祀礼仪，他们通过祭祀的方式以获取心灵慰藉与自我救赎，形成了独特神秘的祭祀文化。

闽南地区的祭祀礼仪的多元性、地域性、种族性以及实用性等文化特征，在闽南文化的形成与发展中具有重要意义。军营村地处闽南深处，更受闽南祭祀文化的深深熏染，形成具有共性与个性的祭祀文化。依托复杂地理因素的闽南地区，其信仰文化经过千百年沧桑发展，将丰富多元的祭祀民俗熔铸于百姓的生活中，并衍生出了一系列的辅助性活动，例如祭祀。儒家历来重视家庭血缘关系，赞扬以孝悌为出发点的人伦关系；闽南地区受儒家思想的影响，留存了根深蒂固的认祖归宗的思想。他们崇尚家族血缘和地缘关系，重视乡社、祠堂、家祭、墓祭，盛行尊祖敬宗的风俗，把对宗族文化与本土文化的双重认可合二为一，这就促进了家族宗祠的建造。不仅推动了祭祀文化的形成发展，并且在千百年思想文化的熏陶和代代传承中，祭祀文化已经深深扎根于闽南人的生产生活当中。

祭祀俗称"拜拜"，是一种信仰仪式，是闽南人日常生活的重要组成部分。闽南祭祀形式多样，主要分为家祭、祠祭、墓祭、庙祭、普度祭等形式，一般传统节日祭神、祭祖都是通过家祭的形式，将家庭成员（有时也包括血缘近亲）聚集在一起进行祭祀活动，祈求保佑家人平安、诸事顺利。而祠祭则是比家祭更加重大的祭祀活动，分为元宵节前后的春祭和冬至时的秋祭，族长负责安排具体事宜并将全族人召集起来。打扫祠堂、准备贡品、朗读祭文、组织族人依序叩拜；祭祀仪式完毕后，女眷将贡品撤下并分发给众族人，他们通过这样的仪式祈祷家族兴旺富足，生活安居乐业。依托信仰文化发展而来的祭祀礼仪、传统活动和民间建筑，在发扬展示闽南风土人情的同时，包含着闽南地区独特的文化风情和民族风貌。通过祭祀民俗的展示，可使游客对闽南文化窥探一二，使旅行不再是走马观花的景点游玩、风景欣赏以及吃喝玩乐，而是上升到思想层面的丰富和心灵上的满足，文化的介入让旅行有了更深刻的意义和更强大的吸引力，让乡村有了更迷人的身份和更动人的故事。

这里我们主要详细介绍"普度"和"送王船"两种祭祀习俗，揭示古老而神秘的闽南祭祀文化，探究其背后的形成原因和发展方式，以及它们在军营村文化中的地位和对军营村闽南文化发展所产生的作用，以点带面地探讨祭祀文化如何在新时代中的乡村文化旅游中崭露头角，推陈出新，以及祭祀文化自身应该如何取其精华而去其糟粕，跟上时代的脚步，历久弥新。

（一）普度

普度又名普渡，是闽南地区古老传统而盛大的祭祀仪式。"普度"多以家族、村落为单位举行，这不仅能提高家族凝聚力和亲近度，还能增强血缘和宗族观念，加深人们对祖国和民族的认同感。它就像一种神奇的黏合剂，将人们凝聚在一起，形成一种强大的精神底蕴和活力资源。

"普度"一般分为"公普"和"私普"两种。"公普"即中元祭，各村落民众聚集到乡村的寺庙举行祭典，各地的公祭日期略有不同，大多是在七月中旬进行。"私普"是以家庭为单位的祭祀，一般从七月初一开始至七月三十日结束，持续整月。军营村的"普度"多以私普为主。军营村会在农历六月二十九日到农历八月初二按村落轮流举行"普度"仪式，在家中举行"过普度"、宴请宾客"吃普度"等活动。

传统的"普度"仪式一般会持续近一个月，在此期间，古老的习俗和迷人的仪式在远道而来的游客面前展现得淋漓尽致，神秘的祭祀活动散发出的奇特魅力深深吸引着人们的目光，为乡村笼罩上色彩斑斓的文化艺术之光，给旅行注入新鲜和活力。

"普度月"以七月初一的"起灯脚"为起始，以八月初一的"倒灯脚"为结束。起脚灯和倒脚灯时的祭祀方式比较简单，门口摆上八仙桌，简单准备几样菜肴，绑上"桌裙"进行祭祀。人们会在"起脚灯"的时候在家门口挂上"普度灯"给各路"普度公"照路，在"倒脚灯"时再把灯烧掉。月中农历十五日的"祭公妈"，家家户户都要准备丰盛的菜肴点心、脸盆、毛巾、茶水等祭品前往家族宗祠祭拜祖先，"普度月"中最重要的部分是"普度日"。初九"拜天公"的仪式和习俗最为繁复，要准备好鲜花一束、提前烹饪的油炸食品、五果、"三牲"（包括鱼、鸡、鸭、猪肉或猪肚、猪肝）或者素食"五牲"等。"牲"越多代表越隆重，一般人家在"普度日"祭祀时只用"三牲"（包括鸡、鱼、腊肉等）。下午三点左右，吆喝邻居一起祭祀，在家门口摆上一张大桌和一张小桌，大桌要系上"桌裙"（一块绣了龙或八仙过海等图案的红布，花样繁多，系上此裙装饰桌子进行祭拜以示尊重），摆上准备好的菜肴以及"三牲"，在桌子的边沿摆上十副筷子和十个倒满加饭酒的小酒杯。小桌放生米或者米粉、饮料和一些炸制食品，再摆上三副筷子和三个酒杯。"普度"经过"起灯脚""倒灯脚"和"普度日"这三个重要环节，基本上就代表"普度"仪式的完整流程，闽南盛大的"普度节"也就告一段落。

此外，"普度月"有许多要遵守的禁忌，例如人们都尽量避免在这个月举行婚嫁、乔迁等各种喜庆活动，并且"普度"的地点也有诸多讲究，一般要在家门口外面举行。这些习俗都体现了人们对"普度公""祭公妈"敬畏的传统思想。

"普度"作为闽南地区的传统节日，是闽南祭祀文化的重要组成部分，也是闽南礼仪和习俗中绚丽多彩的瑰宝，它是联系社会、加深情谊的桥梁，拉近了人与人之间的距离，为亲朋好友欢聚一堂、沟通情感创造了机会；同时为人们的行为加上了道德约束，用以规范社会秩序，形成良好的乡村风气，有利于乡村团结和管理。传承与发展"普度"文化传统，要为"普度"信仰文化的生存发展提供优良生态,引导"普度"信仰发挥正面作用,充分发挥"普度"信仰团结人民、教化百姓、维系亲情的社会功能,让"普度"为闽南文化继续增添独特的韵味,促进闽南文化更加繁荣。

每年"普度节"之时,也是军营村极其热闹的时候,家家户户摆出堆满贡品的供桌,村子里在"普度日"那天召集全村村民聚集在一起,吃"普度宴"。按照习俗,每桌可坐8人或10人或12人,准备12或16道菜肴,主人一般不与宾客同坐吃席,而是在席间走动照顾宴席的客人,与客人们聊天、劝食、劝酒。宴席结束时,主人会让来客带走提前打包好的油炸食品回家品尝,也让无法来赴宴的老人和小孩感受宴席的氛围,这在一定程度上也是一种尊老爱幼的体现。"普度宴"场面热闹非凡,席间来往送菜的吆喝声、推杯换盏的寒暄声、主客间的相互问候声、小孩的玩乐喧闹声、碗碟碰撞在一起的清脆响亮之声、厨房热油煎炸的热烈声、菜刀与案板的摩擦声……觥筹交错,一片好不热闹的祥和气象。

这是乡村特有的烟火气和热闹,是城市所没有的风貌,是军营村具有独特闽南风情的代表仪式,并作为文化软实力深深吸引着越来越多的游客前来。每到"普度节"来临之际,都会有大批游客专程前来体验闽南传统祭祀仪式,感受节日文化的气氛;抑或是恰好来到军营村的游客,刚好与"普度节"撞个满怀,带着好奇的心闯进来,来探访这古老而神秘的迷人世界,看千百年流传下来的习俗。"普度"作为特色的祭祀文化符号,成功代表军营村发展文化旅游、促进乡村振兴的标志,成为吸引游客驻足停留的文化招牌。军营村在主打乡村旅游的发展路线中加入闽南祭祀习俗的文化元素，让旅游从走马观花的玩乐转向深入体验民族文化，用文化魅力吸引游客，提升旅游的价值内涵，创新旅游的内容，构建特色旅游新格局。发扬以"普度"为代表的闽南祭祀文化，是为乡村旅游注入文化活力的重要举措，是军营村从单一旅游模式转型多元模式的重要突破点。

（二）送王船

福建省祭祀活动多样，一年中可能会有大大小小的几百场祭祀活动，其中的"送王船"每三到四年才举办一次，以其声势浩大的规模和独具特色的仪式脱颖而出，成为闽南地区较为重要的又一项祭祀活动。

相传，明代中后期，闽南地区灾难频发，瘟疫蔓延，为抵御灾难、祈求生活平安富足、百姓安居乐业，闽南各地都纷纷设立小祠堂以供奉祭祀各大王爷。各姓氏都有自己的家族同姓王爷，如张王爷、李王爷、蔡王爷等。在旧时代，供奉的王爷虽多，可灾难依旧连年不断，供奉祭祀的王爷仿佛并不显灵，没能保佑一方平安，反而瘟疫不断，万户萧条，引起民众的恐慌和不安，于是就形成了烧王船送瘟神的习俗。军营村所送的王爷同泉州地区信仰的富美宫萧太傅一样。王爷神属于瘟神，会给人间带来瘟疫灾难，萧太傅是正神，能够管理制裁王爷，不让瘟疫横行作乱。旧时地方上瘟疫发作，信众向萧太傅状告王爷霍乱人间的罪行，便由萧太傅为其伸张正义维护人间安宁。萧太傅惩治王爷的办法并不是镇压打击，而是收编到自己的队伍中，让恶鬼变成正神，并把他们三五成群地送往海外，使他们不再祸乱人间。实际上，萧太傅在历史上确有其人，曾任西汉太子太傅，原名萧望之，担任太子的老师，是一代儒宗大师，后因宦官构陷，被迫饮鸩自尽。萧太傅在"送王船"的祭祀仪式中的地位不可小觑，送王船一定要有萧王爷，但烧王船不可以烧萧王爷，有些王爷庙可能没有萧太傅的神像但一定会有萧太傅的令旗。

"送王船"一般分为扛抬王船巡游和烧王船两部分，王船规模大小不一，有的地方的王船长度约6米，载重可达10吨左右，规模十分宏大，装饰华美，装备齐全，材料结实，禁得起风浪考验，甚至可以漂到几千米以外的地方。王船上需要放置萧王爷和三五七位（奇数）异姓王爷的神龛以供祭祀，船两侧陈列乐队，有的船还饲养着活公羊和活公鸡各一只，公羊代表感恩父母的跪乳之恩，公鸡代表闻鸡起舞的勤勉之态，暗示民众要具备的两种美好品德——孝顺和勤劳。"送王船"时，要先将提前准备好的王船在信众的簇拥中由强壮有力的青年抬到水边，等待事先选定的吉利时辰到来举行"王船化吉"仪式，即烧王船。吉时已到，主持"送王船"的德高望重的年长者在人们的欢呼声中点燃王船，同时鞭炮声从四面响起。王船燃烧的过程中，人们会面对燃烧的王船祈求诵经。精美绝伦的王船逐渐化为灰烬，直到王船桅杆倒下，象征着王船已经驶向天河，也把人间的灾难痛苦带向天河，取而代之的是百姓安居乐业、平安健康和生活的富足宁静。

"送王船"作为闽南地区独特而盛大的祭祀活动，影响力不容小觑，毛泽东同志还曾经创作《送瘟神》一诗，其中就描写了"送王船"的场景，"牛郎欲问瘟神事，一样悲欢逐逝波……借问瘟君欲何往，纸船明烛照天烧"❶。"纸船明烛照天烧"描绘了烧王船的盛大场景和百姓庆祝送走瘟神的喜悦之情。

"闽台送王船"是一个与海洋有着极其密切关系的非物质文化遗产活动。这是"留下来"和"走出去"的闽南人共同创造的文化图景,是中国传统自然观、生死观以及人生观的具体体现。"送王船"祭祀仪式在闽南祭祀文化中有着重要的地位和作用,是寄托民众对美好生活的期望和对平安健康的期盼,体现了闽南独特的地域思想观念。

军营村只是闽南地区的一个偏远小村落,每逢"送王船"的日子,村民都会去镇上或者市里参加各地区举行的盛大的"送王船"仪式,有时也会在村中举办规模较小的"送王船"仪式。村里举办的仪式一般送的是小船,船上承载着各位王爷的牌位,将全村人聚集在一起共同"烧王船"祈祷保佑军营村来年平安、富足,村民健康以及家庭兴旺。一般在"送王船"仪式进行的同时,还会有烟花表演供村民观赏娱乐,"送王船"不仅是一个祭祀活动,更成了村民之间沟通感情与休闲娱乐的机会;既有利于加强村民之间的向心力和凝聚力,又增强村民对军营村的归属感和认同感。此外,"送王船"仪式也向外来游客展示了独具特色的闽南文化,不断提升军营村文化旅游的吸引力和游客的旅行体验感。

由此可见,祭祀文化不仅加深了军营村文化旅游内涵,促进了传统文化推动经济建设的发展;在推动军营村乡村振兴工作开展的同时,也挖掘了乡村旅游更大的文化潜力,促进了乡村旅游从走马观花的农家乐向意

---

❶ 周振甫.毛泽东诗词欣赏[M].北京:中华书局,2010.

深刻的文化考察和独具魅力的民俗体验转变；为推动军营村乡村振兴更好的转型升级贡献了力量，更激发了乡村振兴的活力。

三、红砖燕尾建筑别样风情

祭祀活动的举行离不开各种器物和场所做载体，而祭祀文化所衍生的载体也带有特殊的闽南符号，闽南祭祀文化及闽南人的精神世界也可从这里窥探一二。

闽南文化博大精深且源远流长，是中国古老文化不可或缺的重要组成部分。历史上中原人民经历了几次大规模的南迁，将中原的先进生产技术、先进文化和更加文明的生活方式带到了相对贫穷闭塞且边远落后的闽南地区，对闽南古老传统的文化和生活产生了极大的冲击和影响，促使闽南地区经济社会发生历史性的革新。同样，这种冲击也相应地影响到文化领域和人们生活的方方面面，包括闽南人的思想观念、生活习俗、语言文学、饮食服饰以及生产经营等，其影响体现着浓厚的汉唐遗风，是中华民族传统文化精华的重要组成部分。

另外，闽南文化还深受异域文化的影响。闽南地区地理位置特殊，依山傍海，位于中国陆地边界地区的海峡西岸，有着延绵数百里的曲折海岸线和广阔的海域，拥有数量庞大的岛屿和天然海港湾。海上贸易繁荣发达，往来贸易的国外商船常常停泊在港口处，外国人的到来和对外贸易带来了独特的异域风情文化、先进的科学技术与生产经验、异国的生活方式与开放的消费观念等。外来异域文化的传入为闽南乡土文化的发展壮大提供了新参照，注入了新活力，这种对不同文化的尊重与包容，使闽南文化除本土的价值外，更具多元性，且独具魅力。

受异域文化的影响和中原文化的冲击，闽南文化具有中原文化的醇厚特色和外来异域文化的多元化特征，将闽南本土文化、中原文化和异域文化三位一体地相融合，形成了鲜明的地方特色、独特的人文和丰富的内涵，塑造了自身独一无二的文化价值，在中华优秀传统文化的历史长河中留下深刻印记。在此影响下，闽南也产生了独特建筑文化。

"红砖白石双拨器，出砖入石燕尾脊；雕梁画栋皇宫石，土楼木楼融中西。"这首诗概括了闽南红砖古厝的鲜明特点：坐北朝南，采用红砖白石墙体，硬山式屋顶和双翘燕尾脊，屋身为实砌砖墙，外墙采用石构墙裙和红砖建造，坚实厚重。闽南寺庙建筑吸取中国独特古典建筑文化和特色的黏合裁剪工艺（即用彩色碎瓷片黏接在灰泥上，拼凑成色彩鲜艳亮丽的各种图案，将屋顶塑造成一个华美明丽的装饰体系），寺庙中最光彩夺目、引人注意的部分就是那些华丽绚烂的被誉为"美丽冠冕"的屋顶。屋顶是闽南寺庙建筑中最重要、最能彰显其特色的部分，是区别于其他地区祭祀建筑的最显著特征，是给祭祀文化所加持的最美丽王冠。闽南传统寺庙多为歇山式屋顶，轮廓层叠有序，高耸的屋脊到飞翘的檐角连成一条灵活的曲线，好似和缓爬升的山坡，因而叫作歇山式。寺庙屋顶多绘有人物、动物、花卉、鱼鸟等生动的彩瓷图案，栩栩如生，浑然天成，高超的绘画雕塑技巧凸显出工匠精巧的手艺，与背景的蓝天白云、晴空万里构成绚烂多彩的画卷，赋予寺庙的屋脊线神秘而独特的魅力。

屋脊主要由五个部分组成：正脊、脊吻、脊堵、垂脊或戗脊、排头。正脊是中国传统屋顶里两坡相交的顶端处，是屋脊中最高的一部分。由于闽南寺庙中脊角飞檐翘起，与正脊形成一定弧度，因此正脊往往呈现曲线状，形似上弦月牙，灵活俏皮，线条飞扬流畅，轻巧飘逸，克服了僵直感。正脊多由红砖砌成，首尾两端飞扬翘起呈尖脊状，末端一分为二，分叉形状类似燕尾，传递着"双燕归脊"的希冀和期盼，燕尾分叉而最终合二为一，象征着远去的游子迟早会回到故乡与家人团聚，也表达了人们对游子回家的渴盼，因此被称为燕尾脊或燕仔尾。燕尾脊由来已久，"燕尾"二字出于《诗经·小雅》中的"斯干篇"，其中"如鸟斯革，如翚斯飞"表现了宫室的屋脊造型犹如鸟儿翱翔时翅膀上的羽毛，绚丽多姿，五彩斑斓。闽南地区寺庙建筑效仿宫室华美装潢，以燕尾表现吉祥与美丽之意。正脊一般分为两种，一种是鼎盖脊，其断面呈工字形，束腰（脊堵）处常用花砖、粘贴陶瓷等各种复杂的材料样式加以修饰；另外一种被称为花窗脊、车窗脊，也叫梳窗脊，在脊堵处用透明的像玻璃一样的红绿色花砖砌成，形状材质类似窗户。正脊一般装饰最多，位于屋顶最高处，位置最显眼，最能彰显寺庙的规格，是屋顶最重要的组成部分。正脊的脊顶正中央设计制造许多装饰，采用动物、人物、符号等寓意吉祥的形态，比如七层宝塔、蝙蝠、夔龙拱璧、狮首、火焰宝珠、七彩云纹、葫芦和福禄寿，两端近燕尾处堆剪不同姿态的龙饰，如双龙戏珠、双龙抢珠、双龙护塔和双龙拜福禄寿三仙等进行装饰，也有少数寺庙的燕尾脊处堆剪凤凰等形态图案。此外，色彩斑斓、绚丽夺目的瓷贴也是装饰寺庙正脊必不可少的，这些设计安放在正脊上的装饰屋顶的形态装潢，就被称为脊吻。脊吻占屋顶的面积比例极大，闽南地区寺庙极重视装饰，有些规模不大的寺庙其脊吻华丽繁杂、富丽堂皇、色彩绚丽多样，惹人注目。脊堵一般是正脊中最为色彩鲜艳、繁复华丽且题材多样的部分，其装饰种类庞杂，一般中央设双龙抢珠、人物坐骑、双凤或八仙等，两侧或背面则以花鸟为之做衬托，同时夹杂以水果、四兽（虎豹狮象）、麒麟或水族类装饰以求规避火灾，寓意防火，保佑寺庙安全。位于正脊两侧与正脊一样具有压住屋顶作用的就叫作垂脊或戗脊，其上设计或堆剪或彩绘的花草、动物以及人物，或安装一串单数的麒麟或鱼等，其末端一般修饰以高高翘起的水草或尾巴扬起的吐水鲤鱼等，以增强脊线的曲线弧度变化之美。牌头位于正脊正中央，向天空倾斜靠近脊吻，是屋顶最高峰处，位于垂脊和脊吻下方，呈三角宝盖形状，是整个屋顶最引人注目的部分。牌头多以剪黏的手艺展现人物故事，多以历史话本、民间小说、神话传说等为题材，传达忠信、义理、道德、人伦等传统价值观念，塑造复杂精美的场景和形象，根据不同故事题材确立多样的背景，有文场的山林楼阁，也不缺像《封神榜》《三国演义》《水浒传》等故事中的热闹场景。

总的来看，闽南寺庙的屋顶是整个寺庙装潢最华丽精致的部分，是最具有闽南信仰特色和民族风情的部分，它通过精雕细琢的造型、鲜艳夸张且富有对比冲击力的色彩、丰富的内容向世人展示着信仰世界的神秘多姿。

屋顶的脊饰尤为独特，远观鲜艳夺目，近看内容繁多、造型生动、细节精致、制作考究，尤其是人物形象都栩栩如生，具有吴带当风的动态之美，人物的衣服和身上的配饰都配合人物夸张的姿态而展示出潇洒飘动之感。人物塑造十分传神，五官清晰明朗，刻画得十分细致。动物的塑造与刻画也彰显了十足的动感和张力，奔腾飞舞的龙、高贵美丽的凤、踏云腾飞的麒麟和勇猛无比的狮子等，都定格动物最富表现力的一面进行描绘刻画，将立体的陶塑、对比饱和富有冲击力的色彩与预示祥瑞的图案组成一个欢腾热闹而纷繁复杂的装饰体系。丰富的内容，涵盖了绚烂的色彩、动态的形象、高超精湛的雕刻、裁剪、绘画等技艺以及丰富有趣的故事题材，更重要的是它背后所承载的深刻寓意，表达了人们祈福教化、趋吉避凶的心愿，选取忠孝的故事题材激发人们心中的认同感和道德感，彰显传统民间信仰中重伦理秩序、善恶分明，强调"三纲五常"与"天人合一"的精神。动物素材的运用代表了人们美好的希冀和祈福，例如民间认为龙激浪霖雨，能够防止火灾；凤凰为百鸟之王，高贵美丽；鹿取谐音禄，希冀高官厚禄，生活富足；唐草纹曲线柔和，灵活自由，大多头尾相连，缠绕往复，象征着连绵不断的含义；用花瓶取其谐音象征平安，寄托平安、健康的祈祷。

闽南寺庙多以木结构为主，吸收了中国传统建筑精髓（如北京四合院），以四合院为中心，突出中轴对称和空间主次区分的特点，大型的寺庙建筑一般建设有照墙、山门、拜庭、放生池、大雄宝殿、戒坛、藏经阁、佛塔、公德堂、碑铭、钟鼓楼、长廊等土木建筑。民间规模较小的寺庙，多设立简单的案台、供桌和香炉供人祭祀膜拜。此外，寺庙中还融合了多种中国古典文化元素，采用书法、碑刻、楹联、曲径通幽、小桥流水、移步换景等中国传统园林建筑艺术表现手法，塑造典型的中国风格，吸取中国寺庙建筑风格和特点，融合了闽南文化自身特色。寺庙在结构上采用抬梁式与穿斗式结合的构架形式，屋社主体部分就显得单调许多，没有那么夸张繁复和色彩绚丽，而是采用红砖建造，端庄大气，这些红砖红瓦，被当地人称为"红料"。闽南寺庙大量使用当地盛产的白色花岗岩建造寺庙的台基、阶石、柱石、门框，甚至作为裙墙（当地称壁脚）垒到齐胸高。其墙面的装饰也细致精美，面墙、牌楼面、屋脊、归尾和水车堵等处，都是装饰的重点，留存着各类石雕、砖雕、木雕、灰塑、彩绘、交趾陶和剪贴等大大小小工艺的影子，将寺庙装点得花花绿绿明艳动人。

"出砖入石燕尾脊"中的"出砖入石"是闽南建筑一种独特的砌墙方式，即砖放在外面，石头放在里面，层叠交替且错落有致，具体是指利用质地不同、形状各异的石材、红砖和瓦砾的交错叠堆来构筑墙体，以大块的灰白花岗石与片状的朱红色条砖穿插其中，筑墙、起厝、铺埕，构筑起整个寺庙，呈现出朴素、典雅、方正之美，烘托出浑厚、刚毅的砖石气势，并且能防盗、冬暖夏凉，具有极高的实用价值。相传，"出砖入石"最初起源于明代末年，闽南沿海一带经常遭倭寇袭扰，房屋多被炸毁，百姓无家可归，民不聊生，人们利用倒塌的房屋留下的废弃材料、断壁残垣来建造新的房屋，重建家园。这样把废弃房屋中留下的砖石瓦片重新以固定的、有规则的方式堆叠糅合在一起，就地取材，废物利用，砌筑建造成房屋，就逐渐形成了"出砖入石"的建筑方式。石头竖砌，砖块横叠，砌筑达到一定高度后，石块与砖横竖互相对调，使其受力状态平衡；墙厚 40 cm 左右时前后砖石对搭，使用泥水浆石灰将其黏合，辅于壳灰红糖水。墙面的灰缝处理包括凹缝和平缝两种形式，适用于整面墙、下墙和墙角。山墙上用炭泥塑纹花，贴嵌彩色瓷片装饰，红砖墙面上雕刻有人物、动物、花鸟、鱼虫等。比如火纹、云纹及细致生动的楼台人物、巾帼英雄、吉寿文字、海棠花、相思树等各种闽南民间传统中象征吉祥如意的图案；"图必有意，意必吉祥"，美好寓意和希冀的传递是中国传统民居装饰纹样发展的内在动力。闽南红砖寺庙擅长用各种图案和纹样寄托美好愿望，如六角寓意健康长寿，八角寓意如意吉祥，钱币寓意财源广进，莲花寓意清正廉洁，石榴寓意多子多福、人丁兴旺……从社会伦理出发构建文化，创造艺术，让文化和艺术反过来服务于社会道德伦理，以此对人们产生影响和教化。

砖头通常要比石块面略向外突出来一点，石头的摆放比例各个地方也有不同的形成，一般常见的有两种形式，一种在红砖中只夹杂少数几块石头作为红墙的点缀。另一种是安放一排排石头与红砖相应，白色石头充当红墙的点和线，石头与砖之间的灰缝做线。红砖砌墙作为面，点、线、面的几何艺术之美在一面红墙上完美呈现，使白色大理石与红色砖瓦组成鲜明纹理和颜色的对比，形成各种不规则组合，表现出人为随意创造而无意形成的残缺之美，表达闽南祭祀文化中独特的放松与冲突的情绪和闽南乡土文化中蕴含的独特魅力。"出砖入石"看似是杂乱无章的废物利用的无奈之举，是百姓信手砌成、随体附形的原创设计，但是它的经济性、实用性以及牢固耐用性都深得民心，它本身的艺术魅力和实用价值都让这种建筑方式得以相传千百年而经久不衰，出砖入石无疑是建筑史有趣而独特的一次创造。闽南人对红色的喜爱，对雕饰纹样细节的精致追求，对吉祥象征物的含义表现，都渗透着其古老传统信仰的影响。在建筑结构、建筑装饰、雕刻题材和用材选择上形成了独特的闽南风格，留下了民间建筑史上浓墨重彩的一笔，体现了中国文化的内在精神，以及中国传统建筑的思想内涵、设计理念、组织结构、环境布局等。

军营村祭祀建筑也延续了闽南建筑文化的传统，采用燕尾脊、出砖入石和红砖白石的建筑风格，具有鲜明的闽南文化特色。军营村的寺庙规模都比较小，仅用于一家一舍进行祭祀或者同姓亲族的祭祀活动，也有较大的适宜容纳全村人的祠堂寺庙。

闽南寺庙建筑是闽南人的智慧结晶，是研究闽南历史的重要依据，闽南文化观念被凝固在简单的砖石墙表面，同时用红砖斗拱飞檐反映了闽南人民的文化意识、生活意识和社会意识。

四、闽南婚俗奏唱喜庆韵味

婚俗是一个地区传统文化的积淀和表现，是研究地方民俗的重要元素。闽南人向来重礼仪，闽南婚俗自然也是极尽繁复庞杂，讲究和规矩颇多。军营村的婚俗亦是如此。闽南婚礼是闽南文化的深刻体现和代表，是军营村的又一独特文化符号。游客在赏玩军营村山水风光之时，如果偶遇一场闽南婚礼，误入民间习俗的魅力花园，接触到古老又新奇的闽南习俗，感受到喜庆热闹的气氛，即使只远远观赏，也一定会为旅程留下浓墨重彩的一笔。

婚嫁对于闽南人来说是人生中非常重要的一次仪式，不仅关乎新郎新娘，也是男女双方家庭颜面的体现，在偏向民俗习性的闽南地区，婚礼置办的好坏、各种礼仪礼节是否合乎传统习俗规范，都关系到能否为新郎新娘讨到好彩头、好运气，对于新郎新娘具有十分重大的意义。因此，婚嫁习俗大多严谨仔细，极少出现差池。

军营村地处偏僻，人口较少，村庄整体规模也比较小，因此各家关系比较亲密，邻里街坊互相都十分熟悉，家家户户的小孩子都是从小一起长大的青梅竹马，因此每逢村东李家娶妻、村西王家嫁女等大大小小的喜事，全村老小都会带上或大或小的红包光顾主人家，参加婚礼以表示对主人家和新郎新娘的祝福。军营村的婚礼场面喜庆而盛大，一般特地选取良辰吉日，有时候也会选在周末或者"十一"国庆时，此时正值大批游客来军营村避暑赏玩，许多古老传统的婚嫁习俗场面便展示在游客面前，代表了闽南传统文化深厚的内涵，散发着闽南地区悠久独特的文化魅力。新奇热闹的婚嫁方式、喧闹喜庆的场景也深深地感染着游客，让游客在体验军营村山水自然之美、红色精神之美的同时，也能感受到民俗文化之美，感受到穿越千年的古老而神秘的闽南文化之美。婚嫁的展示不仅是传统习俗的展示，更是闽南文化的展示，是向外界宣传闽南文化的旗帜，是外界了解闽南传统文化的窗口，更是游客近距离接触与感受闽南文化的媒介。传统习俗的介入，也让军营村有了更深层次的文化内涵，有了更强大的文化吸引力，让军营村的乡村旅游发展有了更强大的支撑，为军营村乡村振兴注入更多活力。

如今，婚俗不仅是闽南地区结婚的仪式，更成了闽南传统非物质文化的表征。将以婚俗为代表的闽南传统文化用乡村旅游的方式呈现给游客，既促进了古老传统文化的与时俱进、交流更新，也让沉睡的古文化重新绽放光彩，唤醒活力。在一定程度上，可以更好地传承非物质文化，让传统文化在漫长的历史演变中能够历久弥新、重获关注；让闽南传统文化和军营村民俗文化被更多人所熟知，被更多人所欣赏；让时代重新记住它们，让它们在新时代重新散发光芒和魅力。

五、乡野茶缘再现茶艺文化

古往今来，军营村都以种植茶叶、采茶、炒茶、制茶为业，高山也大面积地栽种茶叶建造茶园，成片的绿色映入眼帘，形成了军营村独特的风景线，也成为军营村吸引游客玩赏、增加娱乐项目的重要载体。

军营村积极利用微博、微信公众号等新媒体手段宣传茶园，开设高山茶文化节，邀请游客采茶、品茶，带动高山茶的消费，提高军营村茶园的知名度。2020年10月底，由同安区政府、厦门市农业农村局、厦门市文旅局联合指导，同安区莲花镇、厦门旅游集团主办的"2020年厦门（莲花）高山茶文化节"在同安区莲花镇恒利茶园启动，依托茶园开展的品茶、采茶活动，更是将瑜伽运动融入茶园，设置许多亲子互动活动吸引游客，并举办摄影比赛，让游客身临其境感受闽南高山茶的制作过程，在瑜伽中体会高山茶园的自然之美。开展亲子活动吸引儿童，设置优秀摄影作品的评比和展示，并给予获奖者对应奖项。挖掘美景风光的深层意义，不仅丰富了旅客的旅游体验，提升了旅游趣味性和参与性，更是激发了游客的好奇心和探索欲，能够更好地将茶文化与旅游活动结合在一起。而且，军营村还依托茶园举办接待学生的研学活动，先让孩子们穿上复古的服饰，行走在茶园间弯腰采茶，然后在茶室一起炒茶、制茶，最后坐在一起品味茶香。不仅使其感受劳动的快乐、充分认识茶叶的诞生过程，也能更好理解茶文化的内涵，让孩子们在实践中快乐地学习。

中国茶文化是历史、文学、哲学、伦理、艺术的集合体。闽南地区饮茶习惯由来已久，具有深厚的历史文化底蕴，早已成为闽南人生活中的享受和展示生活情趣的艺术，闽南地区有俗语"抽啦叭烟，听南音乐，泡工夫茶，其乐无穷"即可为证。闽南人对茶情有独钟并且非常重视，把饮茶叫作泡茶，在品茶时形成了许多约定俗成的民间习俗，对品茶地点、茶叶质量、火候的掌握、茶水选择以及茶具的搭配都有诸多讲究。

步入军营村，泡上一壶新采的高山乌龙茶，享受悠然闲适的乡村生活；行走茶园间，感受茶香四溢，驻足山谷中，沉浸清凉舒爽，放眼望去，是绿色的海洋，是澄澈的湖水，是高山的巍峨，是茶叶尖尖，是乡村风貌，是山河秀美，是乡村的静谧与安详……留给人们无穷无尽的沉思和遐想。

第二节　军营村的乡村旅游品牌

由于军营村地处偏远之地,坐落在厦门市第二高峰状元尖脚下,海拔1000米左右,独特的地理优势让军营村终年凉爽,在低纬度常年炎热的厦门地区,加之景色优美,就成了夏季避暑胜地和人们心中的世外桃源。漫山遍野的绿树和大片的茶园,将军营村包裹起来,形成巨大的天然氧吧。穿过重峦叠嶂看到豁然开阔的平地,便是军营村,像极了《桃花源记》里的世外桃源,来到这里的人们,满眼都是清新绿色,周身浸泡于清凉之中;像只身投入清凉湖水中一样,在凉爽中畅游,暑热褪去,心旷神怡;深吸一口气,是湿润带着泥土香的味道,思绪飞驰,逃离城市喧嚣和烦恼;卸下疲惫,体会悠然自在、闲适之趣味,尽情享受清凉舒适。

在这里,可以趁太阳未盛,在雾气氤氲的早晨去探访茶园,俯身凑近,淡雅茶香扑鼻而来,清凉的山风拂过耳边,吹起额前鬓角的碎发,撩起姑娘碎花长裙的下摆,混着泥土和山茶花的味道,将清凉送进人们心底,将自然的清新秀丽带给人们;伴着明媚的阳光回到军营村,泡上一壶茶,摆上闽南特色小点心,与村人闲话家常,度过日头毒辣得像火球一样炙烤大地的午后;待到阳光不那么灼热时,再背上竹篓去农家果园中采摘熟透新鲜的西红柿、佛手瓜,沐浴着夕阳的余晖,看村子里户户升起炊烟,顽皮的孩子们趁母亲在厨房忙活的空当在小河边玩闹作一团……行走在山村巷道间感受小山村里的温暖人情和烟火气息；晚饭后坐在家门口屋檐下，三五成群乘凉的老人妇女正在闲话家常。军营村的夏日傍晚，不用受暑热的困扰，任由清凉的夏风浸润面庞，在欢声笑语中驱赶农家人劳碌一整天的疲惫；外来的游客在此情此景中，自然也受其感染熏陶，沉浸于农家生活的悠闲自在中了。夜幕降临，抱着半个西瓜去广场上看褒歌表演，再伴着明亮皎洁的月光回到住所。军营村的夏天，是不需要空调也一样可以体验到舒适快乐的地方，大自然带给人的清凉，是更加透彻、纯粹而幸福的；而不是以温度定义的人造模拟冬季的制冷系统，这是单一生硬的制冷机器所无法比拟的。

军营村的美，为访客洗去世俗浮尘，让其卸去烦恼疲惫，回归自然淳朴，享受安逸闲适，体验自然风情。在炎炎夏季，为人们留住一抹清凉舒适，留住一份沁人心脾。它独特的地理位置和海拔高度，让原本偏僻寒冷的小村庄，焕发出别样的魅力，吸引着络绎不绝的游客前来放松身心；军营村已然成为厦门的世外桃源，成为都市人短暂出走、逃离烦恼的据点。

乡村旅游是军营村转型升级、脱贫致富的重中之重，依托乡村旅游发展建设新农村，惠及万千村民。而军营村本身具有的历史积淀和红色传承，也让其红色旅游成为特色亮点，在这里，人们观历史，知兴衰；寻初心，育大志；重走红色之路，感受革命奋斗精神；探访初心之旅，召唤忠贞不渝之志。红色文化滋养心灵的同时，抬头看看青山翠绿、万里无云，感受山间清爽的微风，尝一尝农家人自己腌制的小菜，品一品新炒好的清茶，乡村的美好恬静莫过于此。军营村将乡村旅游和红色旅游完美结合，让人们在慢下来的节奏中充实精神世界，集聚精神力量。

一、红色文化助力乡村旅游

（一）高山党校传承红色精神

2016年4月，厦门市委党校、同安区委党校在军营村和白交祠村设立高山教学点，为军营村的发展振兴带来了新的机遇，由此，军营村红色文化得以传播开来。

顺着红色的痕迹，探寻党的力量，看乡村党支部在乡村建设中如何发挥至关重要的作用。在历史的探寻中，寻找初心，牢记使命。为了铭记历史，承前启后，军营村修建了高山党校初心使命馆，供广大党员及群众学习参观。

走过郁郁葱葱的树林，沿着清澈延绵的溪流，青山环绕下，初心使命馆就映入眼帘。红砖黛瓦，飞檐斗拱，闽南特有的砖雕精美绝伦，跃然墙上；展馆两侧各栽植了松树和凤凰木，松树寓意着忠诚可靠，原则性强，代表了我们党的坚强可靠；而凤凰木则是厦门市市树，是城市的符号。

初心使命馆分为两层，一层是使命馆展厅，二层是高山党校总部。这样的设计，让党员群众在学习参观的同时，还能不忘思考与交流，更好地寻回初心，找到目标。一层的展厅包括五个部分：序厅、两上高山情缘、厦门探索足迹、鹭岛红色印记、践行特区使命。通过这五个部分来展示军营村及厦门地区发展建设历程，以及党在发展中起到的领导性作用和做出的杰出贡献。

序厅中设置了主题片和前言以及展馆空间导览图，让参观者可以更好地、更快地了解初心使命馆的大体内容。第一个主题展厅"两上高山情缘"分为"村史村情""春风来习""乡村振兴"三个单元，生动地还原与展示30多年前军营村偏远、贫穷的发展困境；并以习近平同志当年两上高山的故事为线索，详实讲述了各级党委政府、各有关部门单位以及父老乡亲，在总书记的引领和鼓励下，牢记嘱托，通过感恩奋进的生动实践，一步步摘掉贫困帽，打赢脱贫攻坚战，过上幸福小康生活，以及全面推进实施乡村振兴的历程。展厅通过多种方式展示了脱贫攻坚历程，摘录习近平总书记在座谈会上的讲话、村民的心得感受，展示村干部笔记实物，以及运用原创三字经、五言诗等新颖的方式记录乡村振兴过程。展厅内还配有大屏幕播放采访实录资料——亲历者讲述"习近平的高山情缘"，帮助参观者进一步深入了解学习。第二个主题展厅"厦门探索足迹"分为"勇于先行先试""扩大对外开放""科学谋划战略""注重生态环保""重视文化传承""为民务实担当"六个单元，生动讲述了习近平同志作为厦门经济特区初创时期的领导者、拓荒者和建设者经历。在这片充满激情的热土，他与广大经济特区建设者并肩奋斗，开启了一系列改革开放、经济建设、环境保护、文化遗产保护等探索与实践的16个故事，以凝结其中的科学理念、宝贵经验和优良作风，指引着我们继续破浪前行、扬帆远航。展厅内陈列了港口仿真造景、仿真飞机模型等让参观者设身处地感受发展成果，另外还设置了红外线感应阅览区，帮助参观者在文字中了解历史，互动点播一体机内的采访实录——老同志回忆"习近平的厦门故事"也用视频音频的方式为我们讲述了厦门发展的故事。这一展厅清晰地描述了厦门地区的发展历程，总结其崛起飞跃经验，涉及经济、文化、科学、环境等方方面面，让参观者更加直观地感受探索厦门的足迹，吸取优秀经验，启发参观者找到自己的发展之路。

第四个主题展厅"鹭岛红色印记"以红色历史故事为主题，按时间顺序分为"星星之火　可以燎原""百折不挠　再创新辉""团结御侮　勿忘国殇""血染风采　凯歌高扬"四个部分，讲述了厦门这片红色热土曾发生过的红色革命事件和革命英雄事迹，可以让我们重温革命历史、缅怀革命先烈、传承红色基因、牢记初心使命。这个展厅，采取的是一种高科技展陈手法——时空转换智能交互体验系统，展厅中央有一个大石磨，石磨每个角度对应一个年份，我们能通过石磨体验到这个年份发生在厦门的红色革命大事件及其革命英雄人物事迹。石磨上的13个年份分别对应着每个年份在厦门历史上有影响的红色革命事件及41位革命英雄的人物事迹，前后横跨30年，再现党的光辉历程、厦门的英雄历史、革命前辈的初心使命。只要轻轻推动石磨到任意一个年份，大屏幕便会显示出该年份发生的大事件和相应的英雄事迹，带我们一起回望历史，回望鹭岛红色印记。

最后一个主题展厅"践行特区使命"通过"全面深化　改革开放""提

升本岛　跨岛发展""探索厦金融合发展示范区""推进全国生态文明示范市建设""守护鼓浪屿文化遗产的'根'和'魂'""守初心　担使命　敢闯创　善作为"六个单元，展示厦门经济特区在新时代是怎样践行特区使命的；为我们展现了厦门在改革开放思想的引领下，如何走出具有自己发展特色的道路，总结发展经验，展示发展成就，探索经济发展与生态环境、文明建设、文化传承和谐发展的关系。在结束之处，展览后记中总结了党在军营村及厦门发展中的作用，引导参观者寻回初心找到目标，凝聚党魂民心，团结一心共同努力。

初心使命馆的二楼设置了高山党校总部，设立了高山党校主题墙、教研室、办学成果展示长廊、学习堂、高山沙龙、荣誉墙、宣誓厅，阐释高山党校的主题、成果，为学习参观者提供一个沟通互动的场所。在参观过后，参观者可以加入体验参与环节，学与做相结合，给参观者更好的学习体验，让初心使命馆发挥更大的作用。

值得一提的是，展馆引入了许多高新技术，通过 VR、互动点播一体机、红外线感应阅览区、时空转换智能交互体验等系统，更加全面地展现了军营村的发展历程。新型高科技设备的运用让参观者更加深入、直观地了解乡村振兴的道路，用科技进步与文化宣传相结合的方法，别出心裁地为我们展示了乡村的美丽蜕变过程。初心使命馆能激发参观者积极进取、敢闯敢干、勇于作为的热情和信心，促使其践行初心，坚定理想信念，坚持正确发展道路，坚守责任使命。

高山党校初心使命馆，是人们寻找初心追溯党魂的驿站，是人们迷茫失落时的灯塔,更是沉淀心灵、净化污秽的清泉;也是重新唤醒人们奋斗激情的号角,是凝魂聚气、砥砺前行的力量,是红色精神生生不息的承载。

高山党校在军营村发展红色旅游中发挥着至关重要的作用,自挂牌成立以来,截至2019年,共举办200多个培训班次,培训学员1万多人次。2020年,厦门市委组织部、宣传部等共同推出首批10条红色文化经典线路,为更好地推动了高山党校运行,助力军营村发展,厦门大学马克思主义学院还和同安区委组织部签订共建协议,在高山党校建立思政课实践教学基地,共同组织开展党建教育、理论研修、人才培养、干部和师资培育等活动,将军营村打造成以高山党校为主的"厦门大学思想政治理论课实践教学基地",让青年学子在探索体验中感受红色文化的魅力。

(二)书记故居唤醒使命初心

在军营村的西南角,毗邻广场一隅三间矮房便是高泉国的故居。土黄的石头垒砌起外墙,墙上开了小小的细长的窗户,青黛色的瓦片、飞翘的屋檐,充满了闽南风情和乡野味道。打开咯吱作响的木门,便走进了一段尘封的记忆;在老房子的泥土中探访历史的故事,在钢筋水泥的城市下,山林的静谧保护了珍贵的回忆,故居的寸土写着一代人的时光。

高泉国,1953年8月生,福建省厦门市同安区人,中共党员。1984年至1997年,任军营村村委会主任。在高泉国任军营村村委会主任时期,习近平同志分别在1986年和1997年两次来到军营村,走近高泉国的家里,一边品尝高泉国自己炒的茶叶,一边慰问百姓、关心民情,与高泉国探讨军营村脱贫致富策略，为军营村脱贫致富提出指导性意见。

时代日新月异，而军营村也在不断发展，脱贫致富后的村庄一改破旧的面貌，瓦舍洋房拔地而起，公路四通八达，茶园整齐清丽，焕然一新。但是高泉国40年前的故居仍然保留在村子里，几经岁月的洗礼依然屹立不倒，这要归功于村民有意识地保护和修缮。如今，高泉国旧居已不仅是一个普通村民的家，更是军营村对习近平总书记的挂念以及牢记总书记嘱托的象征，是驱使村民不断奋斗的精神动力。

高泉国故居分为三个房间，中间的厅堂安装了LED大屏幕，播放介绍习近平总书记访问军营村的相关视频资料，讲述总书记两次来到军营村的故事，并为大家介绍精准扶贫脱贫的情况。参观者可在正厅的条凳上坐下观看视频，了解习近平总书记与军营村的高山情缘；再去故居的偏院实地探访高泉国当年的住所。昏暗的卧室里是用黄土铺成的地面，古老的木架床还摆放在里面，触摸老旧的挂历、斑驳的墙面和屋后那高大柿子树的枝干，仿佛穿越回那个贫穷落后的年代；那个年代里，习总书记关于扶贫脱贫的谆谆教诲，犹如黑夜里的亮光，温暖而可靠。凝望破旧的木床、落灰的桌椅和院子里长着青苔的石砖，仿佛又看到那些艰苦奋斗、建设家园的日子，那些年轻、质朴、黝黑的面孔，热火朝天地在漫山遍野的茶园里挥洒汗水、创造财富。高泉国故居承载着一个奋斗脱贫的故事，承载了一代又一代人的奋斗时光，见证了军营村一次次的探索、一次次的转型升级，见证了它从贫困村到小康村的历程。故居是记忆、是历史、是故事、是动力，也是荣光。

如今，军营村党支部将高泉国故居纳入军营村红色旅游路线，每年定期修缮维护，重新绿化美化。故居内有专人看管，门口也设立了标志和介绍，让参观者在故居中可以领略精准脱贫、奋斗进取的精神，感受党的正确领导的魅力和心系群众的良苦用心。激发人们艰苦奋斗、求真务实的动力，思考发展进步的方法，追寻服务人民的初心，凝聚信心，激发斗志，凝塑党魂，共创辉煌。

高泉国故居，承载了军营村奋斗的初心，承载了党对人民百姓的关心；是村民的向心力，是村风祖训的标志，是全村的定力和精气神所在；更是时代的记忆，是辉煌的起点、进步的开端。

（三）军营哨所重温革命记忆

高山防空哨所位于军营村四斗仑山的山顶上，是军营村的最高点。登上西南角的四斗仑山，穿过郁郁葱葱的山林，只需10多分钟，便可以看到广阔湛蓝的天空，感受到炎炎夏日里的微风清凉，庄严的迷彩色哨所矗立在山顶，这便是地势险要的高山哨所。从山顶的亭子向远处望去，风光优美，可以远眺崇山峻岭。厦门市区海景、漳州长泰县城、泉州安溪及南安部分乡村，尽收眼底。

看似简单、微不足道的一个防空哨所，却承载了一段历史，在战争年代发挥了重要作用。72岁的老兵苏金展回忆，当年"冷、潮、苦"是他记忆中最深刻的词语。记忆中，由于海拔高，哨所的春天大雾弥漫，棉被总是湿漉漉的；夏天蚊虫多，站岗时总要忍受蚊虫叮咬；冬天寒风刺骨，温度有时降到零下十多度,但民兵们还是克服了恶劣环境和种种困难,以饱满的精神完成任务。哨所所承载的不仅是军事重地的意义,更是村民士兵保卫祖国的决心和信念,是历尽艰难险阻却不放弃的精神,是百折不挠、感人肺腑的奋斗故事,是一代革命者不怕苦、不怕累的青春记忆。

由于重要的地理位置及有效的军事防卫和发挥的关键军事作用,军营村高山哨所多次获得荣誉和褒奖,并被福州军区、厦门军分区评为优秀防空哨所。高山哨所像一位挂满军功章的老将士,沧桑而庄严地站在山顶,继续凝望保卫他的祖国和人民。

如今,高山哨所被重新修葺保护,2013年、2014年福建省委、省政府、厦门市委、市政府以及南京军区、福建省军区领导曾多次考察革命老区军营村及防空哨所遗址,决定重修防空哨所,作为中国海西厦门革命老区国防、人防、爱国主义和红色旅游教育基地。经历了半个多世纪的历史沧桑,军营村高山防空哨所现已按原样重修,未来将作为国防、人防、爱国主义和红色旅游教育的重要基地。现在。同安区军营村高山防空哨所国防教育基地正式揭牌成立——这是同安区首个以人民防空为主题的国防教育基地,也是厦门市范围内海拔最高的区属国防教育基地,作为旅游景点向大家开放,被纳入军营村红色旅游路线。高山红哨风光,充满神秘光芒,让人仿佛回到过去炮火纷飞的岁月,前来参观学习者络绎不绝,都深受震撼。同安区委常委、宣传部部长何玺表示,同安区按原样重修防空哨所,目的在于打造"双拥"品牌。同时,希望该基地能吸引更多市民,特别是青少年前来参观,真真正正发挥基地作用,增强市民防空知识、国防知识、防灾减灾知识。更重要的是，该基地成为军营村又一旅游景点，将带动乡村旅游业发展，促进农民转产增收，最终达到共富、共美、共享的目的。

高山哨所是军营村永恒的历史标杆和不变的历史记忆，是一个个平凡的村民和士兵铸就的伟大功绩的纪念，是革命奋斗精神的传承与弘扬，是铭记历史、不忘初心、牢记使命的教诲。走近高山哨所，听听那一段历史的真实面目，感受那个年代人们的奋斗力量，接受庄严伟大的心灵洗礼，激发内心的反思和追寻初心的欲望。让对革命先辈的尊敬仰慕长存心中，唤起积极进取、不畏艰难的决心，继续进发，勇攀高峰，实现自己的中国梦。

二、旅游"绿"起来

（一）七彩池

素有闽南小九寨沟之称的七彩池，是游玩军营村的必到之处。

七彩池离村口不远，步行下一个陡坡便可看见。七彩池环绕着小山，整体呈月牙形，清澈见底，宛如明镜，特别值得一提的是，在天气晴朗的时候，七彩池的湖水从不同的角度看，呈现出不同的颜色，色彩斑斓，七彩池也由此而得名。

七彩池原本是一个小山塘，为了更好地浇灌周边的茶园，村民将小山塘开掘拓宽，湖水来自天然泉水和雨水。据说因为各种矿物质沉积，再加上光的折射现象等多种自然条件综合作用，形成了五光十色的瑰丽景色，这在厦门地区是独一无二的，所以颇受游客们的欢迎（图5-1）。

图 5-1　七彩池

（二）观光茶园

军营村充分开发茶叶种植园的观光资源，已经形成种茶体验、养茶知识、茶叶采摘、制茶体验等农事采摘体验活动，尤其受亲子型旅游者的喜爱，体验茶叶种植、加工和包装既能够感受农事劳动又能够增长传统茶文化知识、农作物知识、农业生产知识，是军营村茶产业融合发展的重要基础（图5-2）。

图 5-2　茶园风光

（三）九龙溪

九龙溪作为军营村的母亲河，2018 年，区委及军营村邀请专业规划设计机构，对九龙溪进行重新规划设计、治理。溪流岸边修建亲水步道，以方便人们沿溪边散步、健身、观景，溪水清澈明净，溪底的鹅卵石清晰可见。小草野花环绕溪边，小鱼徜徉溪中富有野趣，被誉为厦门市乡村营造的典范之作。

（四）金山阁

在军营村的东部山峰，还修建有一座三层的观景阁，名曰金山阁，气势恢宏，视野开阔，是军营村的一处制高点，同时也是军营村的一处绝佳的风景观赏点。登临金山阁，可以清晰看到同安老城区与滨海新城的独特风景和秀丽风光。

目前军营村围绕绿色生态旅游资源打造成型的两条游线如下：

山村休闲游览路线：1.社会主义军营小广场——2.示范段门前屋后改造——3.旧村部——4.金山广场——5.旧民居、步行桥——6.西部茶文化公园——7.生态溪徒步——8.东部山体生态公园——9.军营文化园——10.农家乐用餐——返程（或住宿休息）。

生态观光游览路线：开车上山——1.天鹅石刻、古山寨遗址、仙叠石、金蟾望天石、流连忘履石（绣花鞋）、朱熹诗句石刻——改单车骑行游览——2.自行车茶园绿道——3.柿子林——4.七彩池（"小九寨"）——5.云境茶山景区、旅游集散中心、党校分校——返程或晚宿农舍享盛夏山风，看月朗星稀。

三、星空产品

多发于每年8月的英仙座流星雨、12月的双子座流星雨及12月末至次年1月初的象限仪座流星雨并称为年度最活跃的三大流星群。

2020年1月4日凌晨，象限仪座流星雨亮相东北方向，2020年首场流星雨如期而至。许多人对流星雨这种独特的天文现象情有独钟，从1月3日下午开始，众多天文爱好者便不约而同地来到了厦门市离天空最近的村庄——军营村，安营扎寨、布置露营食宿场地之外，更有"发烧友"早早架起了专业摄像设备打算用影像记录下这份美好。

流星是指太阳系中的某些体积足够大、速度足够快的固体粒子进入地球大气层之后，与大气层中的大气分子发生碰撞并燃烧产生的可以用肉眼或者影像设备观测到的亮光。流星这一独特的、罕见的天文现象被人们赋予了许多美好的意义，无论是出于对远方来客的敬畏与好奇，还是借流星划过的瞬间许下愿望。从《左传》所记载的"鲁庄公七年夏四月辛卯夜，恒星不见，夜中星陨如雨"到现在人们攀上高山用照相机拍下的延时照片，星光总是吸引着人们乐此不疲地去追逐、记录。

军营村处于海拔1000米左右的高山上，是厦门名副其实的离天空最近的地方，极佳的空气质量避免了空气污染物遮挡天空，治理完善的治安环境保证了露营及休息的安全，相配套的旅游服务对接了观星客饮食与住宿的需求，诸多自然与人为条件综合成就了军营村的观星旅游优势。而对于观星旅游来说，拥有足够黑的夜空才是观星活动的关键。城市中无法约束的、无序的夜间照明灯，便是星空的"劲敌"。尤其在使用照相设备之时，如路灯、霓虹广告牌等人造光源过于明亮，就会使照相设备的取景器难以对焦需要拍摄的星空；因光线散射使城市的天空在夜晚也变得明亮，而在距离我们光年之外的星星发射过来的微光在人造光的覆盖下便无迹可寻了。军营村高海拔加无光污染的优势条件下，呈现的洁净星空是旅行者们镜头下的"常客"，这些肉眼无法观测、需要专业的摄影设备以及摄影技巧才能记录的天文现象更是受到了厦门观星俱乐部的观星摄影师的青睐。爱好者们纷纷前往军营村，创作的优秀作品不仅为人们带来了无尽的震撼，也点亮了军营村"星空一品"的新名片。

夜晚不够黑对民间天文观测效果的影响只是其次，光污染对生物的影响更值得重视，人们开始警惕严重的光污染对生命、生活造成的影响。过去对乡村静谧特点的认识，往往是停留在对听觉上的无声，然而随着光污染的日益加重以及人们对修养旅游提出的新需求，军营村的"星空一品"不仅从视觉上排除了霓虹灯的侵扰，反而因为其特殊的位置而产生的静谧却意外成了一个乡村旅游产品建设的全新突破口。

军营村的"星空一品"并没有停留在绿水青山的"脚踏实地"，也追随夜幕"仰望星空"。对于独特的星空资源的保护与利用，是国际上非常具有前瞻性的环保行为，但因为观星活动市场受众面狭小、可供民间使用的远离光污染且适合观星的区域凤毛麟角，所以一直没有受到人们的重视。实际上，世界早已有了"Dark Sky Park"的概念，通常翻译为"暗夜公园"。这一定义由天文学家大卫·克劳福德（David Crawford）和身为医生的业余天文学家提摩西·杭特（Timothy Hunter）开启，总部设在美国亚利桑那州图森，是国际性非营利组织，并命名为国际暗天协会（International Dark-Sky Association，IDA），其暗天保护区指拥有卓越星空质量和自然环境的地域，专门保护其科研性、自然性、教育性、文化遗产资源和公众休闲功能。[1] 其中比较著名的暗天公园有世界上第一座夜空公园——美国天然石桥

---

[1] 张继力，杜雁，高翅.夜空公园：演变、实践与启示［J］.中国园林，2020，36（1）：60-64.

国家保护区（Natural Bridges National Monument），这是一座在美国天然石桥国家保护区中开辟出来的暗天公园，其充满挑战性的复杂地形不断吸引着人们前往，而夜晚足够黑暗与宁静的天空才是更为宝贵的资源所在。

我国第一个城市星光公园胶州艾山星空主题公园于2013年10月在山东省青岛市胶州洋河镇景区落地，主要观测区地理坐标东经119°33'52"，北纬36°3'55"，海拔200多米，总体面积8平方千米。夜晚天顶极限星等可达5.5，20度以上地平高度最低星等可达4.0，这里的满天繁星让每一个来此的人都惊呼不已。[1]该星空主题公园虽然在科研性、自然性上与上述的美国天然石桥国家保护区夜空公园存在较大差距，但青岛城市星空主题公园却在公众休闲功能、教育科普功能、遗迹保护功能等方面有着无可比拟的优势。国外的夜空公园多以暗夜保护区的标准进行建设，要求各项指标达到专业天文研究级别的场所，故多设于荒无人烟的区域，距离城市行程较远、安全无法得到保障，这既是人们出游的首要考虑，也徒增了旅行的成本，所以国外的夜空公园、或暗夜保护区的模式并不适合我国。青岛城市星空主题公园的建设标准是依循保有一定科研性的基础上成为一个公众性的休闲胜地，其所在的艾山是国家3A级风景区、山东省风景名胜区，由艾山风景区管委会进行管理，设有包含普通望远镜观测、天文台观测项目的天文观测功能分区，建有小型展览馆的天文科普功能分区，更有包含一般餐厅、主题餐厅、简易旅宿点等旅游服务的服务保障功能分区，并通

---

[1] 周昆. 城市星空·青岛城市星光公园[J]. 走向世界，2014（7）：78-83.

过划分标准照明区、自然黑暗区、私人照明区来对光照进行严格管控。青岛城市星空主题公园在试运行期间，打造了"七夕浪漫夜，情侣画光绘"的品牌活动，又在多个节日节点结合星空特色打造了一系列的品牌活动，针对不同年龄层的受众提供丰富多样的活动选择。例如，每年8月的英仙座流星雨、12月的双子座流星雨及12月末至次年1月初的象限仪座流星雨发生时，星光公园都会接纳近千名游客和市民来这里观星赏月；在"嫦娥三号""天宫二号"等天文科考期间，青岛城市星光公园内的展览馆更是积极筹备，并屡次获得全国最大规模的科普活动之一的美誉。除了节日、国家级天文科考项目以及重大天文现象发生期间，公园平日里也能吸引周边的市民来进行观光、锻炼，周边不少中小学校都把此公园列为课外素质拓展活动的首选地，成功打造出了"青岛星光之旅"的金字招牌。目前，星空主题公园已经成为青岛市乃至山东省的天文观测与拍摄（科普）基地。

军营村距离厦门市驱车仅1小时便可到达，军营村高海拔、空气质量极佳、无光污染等特点直接满足了星空公园建设的基础指标。与此同时，军营村与邻近的白交祠村坚持用自治、法治、德治，"三治融合"共建共享乡村治理。制定村规民约、实施阳光村务、成立山村110警务室、组建道德评判队，不仅调动了老百姓参与村级事务管理的积极性，也让道德和法律逐渐成为百姓心中的标杆。设立集纠纷化解、普法宣传、道德评议为一体的基层矛盾调处中心即高山议理堂，并建立同名远程在线解纷平台，实现法院、司法所和村居同步在线调解。以"三治融合"的新模式推动两村形成"大事一起干,好坏大家判,事事有人管"的基层治理新格局。加上完善的旅游管理制度与服务措施,让前来品味军营村"星空一品"的人们的安全问题得到最大的保障,不必因为高山而担心荒凉与危险。相比较而言,军营村已经较为成熟的红色旅游资源与绿色旅游资源可以填补青岛城市星光公园"白天无可玩"的劣势——白天流连于七彩池呼吸着高山新鲜的空气,午后漫步九龙溪间品高山茶香,晚上再露营"光明顶"仰望漫天繁星。观星摄影更是为军营村的夜晚增加了一分乐趣与选择,一次美妙的旅行收获的是全天候、高享受的回忆!

四、特色民宿创新旅游形式

随着时代的不断创新改革,旅游民宿已经成为旅游开发的重要形式,成为助力旅游发展的良好辅助,并且在整个旅游事业中变得越来越突出,地位也越来越重要。虽然民宿是非标准住宿业,但是它不仅能给乡村旅游带来巨大的经济效益,而且还能带动住宿业的发展,在一定程度上推动了国家的发展脚步,促进了乡村旅游的振兴。随着军营村乡村旅游的发展兴盛,逐渐形成了固定的旅游民宿模式,集农家乐、闽南风情民宿和网红民宿于一体,民宿种类的多元化、丰富化使当地民宿产业较为兴盛。因民宿行业多样化的发展,也吸引了众多投资者前来投资,对应地带动起民宿经济的发展。

穿过层层叠叠的茶林，走过蜿蜒盘旋的山路，翻过高耸苍劲的山脉，美丽的军营村就藏在山谷间。放下行囊，呼吸山间的新鲜空气，用清凉的泉水洗涤身上的尘土，采新鲜的绿茶品味茶香，尝农家餐桌上简单质朴的美味。入夜，在村子的民宿里，旅行者伴着蛙鸣和月光美美地睡下，在没有城市夜生活的灯光来掩盖天空中的星辰，在没有车水马龙的喧闹声中，卸去生活的疲惫，享受舒适的乡村时光。

（一）农家民宿梦回田园之乐

旅游体验不仅在于景色是否优美或引人注意，其间配套的衣、食、住、行设施也十分重要，特别是住宿环境非常影响旅行的体验和旅行者的心情，所以建设环境良好、设施齐全、干净卫生的民宿是旅游战略规划中必不可少的环节。军营村在发展乡村旅游、推动红色旅游建设过程中，建设了许多相应的住宿设施，既有民房改造的农家乐，也有装修精美的酒店；不仅有充满闽南风情的民宿，更有结合当下时代潮流的网红民宿等。其种类繁多，才能更好地满足不同人群的需求。

除了富有特色的红色文化吸引游客外，军营村的青山绿水与美好风景也是使其成为旅游热门地的重要原因。许多游客正是被其优美秀丽的自然风光所吸引。军营村的魅力，在于它郁郁葱葱的山林、重峦叠嶂的山脉、蜿蜒盘旋的山路；在于它涓涓细流的溪水、鸣叫欢唱的鸟儿、整齐苍翠的茶园；在于它迎风怒放的三角梅、金黄的地瓜干；在于它雕梁画栋的寺庙、色彩飞扬的屋檐、红砖黛瓦的老宅、古老而神秘的乡村风貌……这些无一不吸引着游客的目光。

特色的农家风光成为军营村的代名词，因此军营村最初数量最多的民宿类型就是农家乐型民宿——村民自己修建设计的四到五层的民房。每层有两个独立大房间，农家乐设有多个房型，双床房、大床房、家庭房应有尽有，每个房间配有独立卫浴、热水器、空调、WiFi 等，辅助设施十分齐全。"顶楼豪华套房"还配有露天观景阳台，每个房间都开设采光窗户，给游客营造窗明几净的舒适环境，房东会定时打扫、清洗床单与被褥，保证住宿环境与用品的干净整洁。早上醒来，游客还可以吃上一碗房东亲手熬制的甜美地瓜粥，清甜暖胃，配上咸香的榨菜，简单的饭菜才能体味到农家质朴纯真的味道；期间，房东还会亲切地给游客指路，并为其介绍军营村的古老历史和迷人风景，泡一壶清香的高山茶闲话家常。在保证服务质量的前提下，农家乐既能让游客感受到农家风情，又能让游客更加深入地了解到农村面貌，体验村民的质朴热情和他们最真实的生活，抛却城市的喧闹回归乡村田园生活，唤起儿时的记忆，体验不一样的生活方式。

农家乐虽然简单，但却为旅客切换了一种生活方式；让忙碌的生活慢下来，填充以新奇和乐趣，这样的质朴，更加打动人心。同时，农家乐也为村民增收创收、为脱贫致富提供了渠道。军营村的李大叔就是一家农家乐的经营者，交谈中他告诉笔者，夏季是农家乐的旺季，许多游客都会选择来军营村避暑纳凉。春天和秋天的农忙时节，他就去料理茶园和梯田，夏天他主要打理民宿为游客服务；这样一年下来，收入十分可观，比过去只靠种田要好得多。李大叔还靠着自家的民宿，供女儿上了大学，让其走出了山村。

农家乐打造"贴地气"的民宿，普遍成本低，收益好，让游客沉浸于农家风情之中，更好地体验乡村之美、农家之乐。同时，使军营村房屋面貌更加整洁、焕然一新，为村民提供了增收渠道，提高了村民收入和整体幸福感，助力了乡村振兴战略的推行，促进了美丽和谐乡村建设。

（二）新式民宿绽放闽南风情

除了以民房改造的农家乐型民宿，还有设施更加现代化、造型更加精美的闽南风情民宿。二层洋房，白墙红瓦，干净透亮的落地窗，宽大的露台放着几张木质桌椅，让人不禁向往在露台上吹晚风、聊人生的惬意。民宿房间均采用现代快捷酒店的装修风格，白色的床单、被褥，统一清洗消毒的毛巾、浴巾等，给不适应农家住宿环境的旅客增添了更多选择。

走进闽南风情民宿大门，仿照闽南旧民居修建的砖墙映入眼帘，墙上挂着旧时用来挡雨的蓑衣，踏着花色各异的地砖，庭院里陈列着耕种用的农具和闽南特有的花花草草，藤条编制的茶桌供人们品茶聊天，茶桌旁放置的古琴和字画为庭院增添了几分文人艺术之气。房间里陈列了许多或复古、或仿古、或做旧的物件，让整个房间充斥着神秘的年代感，竹竿扎成的栅栏做房间隔断，石砖垒起的墙上挂着藤编的簸箕，墙角放着木质的老衣柜和棕色的牛皮手提行李箱，小茶座上铺着灰色粗麻布，青花瓷的茶碗边缺了一个口，旁边低矮的树桩充当板凳，装饰墙上陈列的花烛、泛黄的奖状、落灰的书本……无一不充斥着年代感。进入房间，仿佛回到过去物质贫乏但却美好质朴的旧时光里，让人与旧日的闽南乡村相逢，开启一段拜访古老岁月的旅程。门口还设立了大大的花园，里面有青石桌凳和木架秋千供游客玩乐，夕阳西下之时，坐在秋千上听着流水潺潺，赏夕阳美景，多么惬意自在的田园生活。

夜幕降临，卸下行囊泡个热水澡，在宽大的露台上感受凉风习习，与身边的亲密伙伴畅聊人生理想。早上起来，拉开洁白的落地窗帘，看太阳翻越远处青山，看阳光洒满房间；窗外高高低低的民房尽收眼底，景色层叠错落有致。如果说在农家乐能体验到农家的真实生活，那么闽南风情的民宿就是在房间设施更加现代化的简约基础上加入闽南农家的特色，例如乡村农耕元素等，让旅客感受传统闽南文化的魅力。

与农家乐相比，闽南风情民宿更多了一些艺术感。如果说农家乐是经济实惠型，那么民宿就是文艺小资型。在农家乐中可以体验到农家当下生活的真实面貌，而闽南风情的民宿则更能体现闽南特色，让生活在都市里的人了解、体验过去的闽南风情。由于独具特色的设计、精美的装修、舒适的居住环境、更加细致系统的服务，民宿的价格也会相对高一些。不同层次风格的住宿环境满足了不同的人群需求，为游客提供更多选择的同时，改善了旅游条件，提高了旅游质量，为军营村的旅游转型升级做出了贡献。

像这种有一定主题特色、装修比较精美的民宿多是由专人投资开发建造以及经营的，军营村的文化旅游产业价值吸引了专业的投资者和设计者，投资者带来的新颖的设计构想也为乡村振兴注入新的活力。具有闽南风情的中高端客栈，精致的装修风格和现代设施，完善了军营村民宿建设的风格、丰富了民宿种类，为军营村乡村旅游吸引了不同需求的游客，由此带来的就业岗位和房屋租金等，为村民提供了更多致富增收的渠道，促进了乡村旅游、乡村振兴的发展。

（三）网红民宿紧跟时代潮流

在这个智能手机崛起、短视频效应扩大以及信息飞速流转的时代，网红经济日趋流行，吸引了许多消费者为之买单，收益十分可观。军营村在发展乡村旅游的过程中，为建设多元化、现代化旅游模式，加速旅游转型升级，提高旅游质量，军营村利用自己的优势引进外部资金，投资建设网红风格民宿。目前已初具规模，现已建成了86号网红民宿、顾奈精品民宿等网红风格民宿，精致的装修装饰，充满文艺气息的名字，都追随着当下潮流与时尚的脚步。

村子里大大小小的民居中间，夹杂着几栋五六层高楼，雪白的墙体，宽大的落地窗，外墙印着民宿清新独特的名字。网红民宿的房型更加多元，有复式loft、吊床房、浴缸房、投影房等；此外还有许多主题房型，例如泡泡池房、滑梯房、和风日式房等。在休息住宿的同时增加了拍照玩乐、看电影等功能，不同类型的房屋满足不同需求的人群，让民宿不仅是住宿，更是提高旅游新鲜感的重要一环。除此之外，网红民宿还运用自身装修特色吸引游客，以粉色为主打配有泡泡池或者滑梯，少女心满满的风格吸引着年轻女士；或者以白色为主打搭配秋千或吊床，打造清新简约风范；还有的配备了做饭的厨房，为游客打造舒适居家的感觉。例如，顾奈精品民宿中的滑梯房就是军营村网红民宿中的精品。白色主调简约干净，配以暖黄色的地板和窗帘，采取复式 loft 的形式，一楼是客厅和卫生间，二楼是小型卧室，一二层之间用楼梯和滑梯相连，增加了上下楼时的趣味性。民宿房间装修设计也加入了更多的 ins 风格元素，比如墙角的干花、床头的香薰、屋子里的秋千、浴缸配套的浴球、精致的茶具、柔软的地毯、复古花色的桌布和窗帘，还有错落有致的绿植等，网红民宿在软装上细致用心，凸显多样风格。

网红民宿让旅游从单纯的走走看看，变成多样化活动的综合，让乡村旅游融合时尚元素，在欣赏军营村优美自然风光和厚重的历史文化的同时，可以享受高质量的住宿，甚至在民宿中拍照、做饭、娱乐。下午烈日当头，在民宿中打开空调拉上窗帘看一部有关乡村的电影，配上村民自制的地瓜干，享受惬意的午后，或是买几袋村民自己种的菜，在厨房为同行的伙伴大显身手。等日光不那么炽热，再去村子里走走，或是爬上山头看落日的余晖漫山遍野，体验乡村的浪漫柔情。

网红民宿是军营村紧跟时代潮流的产物，在网络笼罩下的社会中，各个旅游景点都不乏特色风格的火爆网红民宿，有的甚至价格十分昂贵。军营村在发展规划乡村旅游中，借鉴其他旅游地的成功经验，引进网红民宿，使乡村旅游有了吸引青年群体的潜质，进一步增强了军营村旅游的吸引力，增加了客流量，带动了餐饮文化等产业的发展，提高了军营村旅游的竞争力，能为村民增收，为乡村振兴助力。

新事物的引进吸引了许多走出大山的青年回家乡就业创业，用创新精神和知识为家乡建设添砖加瓦。网红民宿可以说是军营村的进步和创新，是乡村振兴中大胆的尝试，在发展中，敢闯敢干、不断进取的精神十分难能可贵，这也是军营村能够从一个贫困村蜕变成小康模范村的一个原因。

（四）民居资源与服务模式的改造升级

在同安区、莲花镇、军营村各级政府及部门与厦门旅游集团进行多次沟通协调与探讨后，高山民宿平台结合高山军营村村民的现实条件，为民宿业主们所开办的农家高山民宿制定了"四个统一"运营管理模式，并且其运营管理体系严格遵守"四个机制"。搭建民宿管理平台的设立意味着民宿产业发展逐步走上正规化，军营村民宿产业内部也计划进行模式的更新与调整——这些方面还有很大的提升进步空间。

1.四个统一

军营村所按照的"四个统一"运营管理模式分别是：统一经营运作、

统一服务标准、统一平台管理、统一利润分配。

（1）统一经营运作：就是将原本分散、无序经营的民宿整合到莲花高山民宿平台项目中去，以体系化的经营代替原先的无序性，将其作为一个完整的整体来运营。整体化的运营可以在旅游旺季时做到很好地客房调配，最大限度上合理调配资源，避免了一些民宿客房饱和而一些民宿却门庭冷落的不平衡性，同时也能够集中全村的民宿业主之力，带给游客更加良好舒适的居住体验。统一运营还避免了同行之间竞争压价的恶性循环，根据客房的标准与配置进行合理的官方定价，既对消费者公开透明，同时对当地的民宿业主们来说也是公正、公平的定价。统一的经营运作还将充分利用厦门旅游集团多年来旗下酒店客房业务的销售优势与专业管理优势，从而提供更加专业化的民宿服务。无论是网上预订、排房还是房客维护等方面，厦门旅游集团都给予了极大的支持，从而让军营村的民宿能够更加有秩序地运行。如今，军营村的民宿预订均可通过公众号或其他网上渠道进行客房预约服务。

（2）统一服务标准：就是在莲花高山民宿平台上将民宿客房资源整合之后，统一派出专业的、资深的房务人员对民宿业主们进行专业的业务培训以及运营的技术指导。从民宿的卫生清洁工作出发，做好一切与换洗、清洁有关的工作指导，以更加整洁卫生的客房面貌接待游客。再从民宿相关服务人员的服务态度、仪容仪表等方面入手，让民宿的服务细节更加贴近游客的服务需求，令客人感到放松与舒适。统一的服务标准就是全方位做好民宿运营接待中的细节工作，建立健全规范的服务标准，让民宿业主们知道标准、学习标准，按标准完成工作，树立自主服务意识。村民们在日常工作的业务熟悉过程中，不断进行学习与实操，整体的专业技术在服务过程中也得到很大的提升，同时也达到了扶贫先扶智的目的。

（3）统一平台管理：就是在统一经营运作的基础上，由民宿平台通过统一的预订端口进行规范的服务运作，利用微信公众号等平台对民宿的预订以及宣传等进行统一的管理与服务。在军营村的"高山名府"公众号上，军营村将本村民宿情况标明于页面中，是否带有空调、民宿等级信息等均可在其公众号上进行查看。此外军营村还推出了临凤阁饭店的餐桌预订服务，满足了客人们食用农家无公害蔬菜与农家田园鸡鸭的需求，这些都可以通过网络渠道的微信公众号等平台进行预约。不仅可以更好地将村庄的面貌与民宿通过平台等途径传播，在达到很好的宣传效果的同时，还可以做到快捷预订，大大促进了军营村旅游业的发展。

（4）统一利润分配：是将民宿平台中的全部客房资源作为一个统筹的整体进行营销和收益分配，在扣除相应的平台运营服务成本之后，根据其经营状况，按照比例向业主们与平台运营主体分配利润。其中平台主体是军营村与白交祠村两个村的集体合作社共同成立起来的厦门高山红教育公司。统一的利润分配做到了公平、公正、公开，民宿业主们可以得到65%的利润，而平台则能够得到35%的利润，激励民宿业主们做好民宿服务。此外，平台还推出了出租率奖励基金以及常客奖励基金。出租率奖励基金以及常客奖励基金是鼓励民宿做好服务，吸引游客再次入住，民宿业主们要想得到奖励基金，就要磨炼自己的服务技能，提高自家民宿的服务水平，做到卫生标准规范、服务态度热情且温暖。奖励基金的设立能够给军营村民宿行业发展带来更大的活力与积极性，良性的竞争有利于当地整个民宿业的可持续发展。

2.四个机制

军营村民宿业发展所遵循的四个机制分别是：准入机制、运营管理机制、奖惩机制、优先就业机制。

（1）准入机制：是民宿平台根据军营村的实际客房状态及情况，结合目标客源群体的基本服务需求而制定出来的农家民宿最低平台准入条件。该机制的建立分别是从客房建筑基础条件、消防和疏散条件、环保基本要求等方面着手，注重民宿的安全条件，避免造成不必要的人员财产损失。平台从准入条件入手，力求做到军营村山村农家民宿的标准化、规范化经营，为其将来的发展打下坚实的基础。

（2）运营管理机制：是对统一经营运作的管理模式的机制化，民宿平台对各民宿业主的运营与管理提供指导与支持，并且提供具体的相关服务。在民宿运营管理机制的指导下，让参加民宿平台的客房资源及其经营者一同提升民宿服务品质，遵守行业规范标准，并维护整体民宿行业的长远发展。

（3）奖惩机制：就是对民宿业主在服务中所表现出来的服务品质、服务态度等进行细化考核的机制。民宿的卫生品质以及服务有明确的标准与要求，如果参与民宿平台的民宿业主无法达到标准，甚至是不遵从平台的管理，做出影响民宿整体形象和声誉的行为，平台将会对此给予惩罚。如果参与民宿平台的业主能够在服务的过程中提供优质的服务，得到入住客人的认可和好评，平台会视实际情况给予适当的奖励与表扬。同时，平台还推出了合理的利润分配标准，民宿提供的优质服务如果能够得到游客的好评，并且得到入住客人的"回头"认可，就可以参照常客奖励基金进行奖励。

（4）优先就业机制：是民宿平台提出对自愿加入民宿平台的村民业主进行的专业培训与指导服务，让村民能够在家门口实现转产、转型就业。在当地旅游业带动民宿业发展的过程中，鼓励村民们树立起主人翁意识，充分参与到村庄的建设与发展中去，通过技能的提升达到致富增收的目的。

3. 打造莲花高山农家民宿品牌

在同安区委区政府的支持下，莲花镇政府引导发挥当地村民委员会与民宿业主们的主体意识，在厦门旅游集团的专业指导下推动莲花高山农家民宿品牌的打造与宣传。通过厦门广电的采访宣传，军营村的美景及民宿旅游等逐渐走入大众视野。

五、影视基地的延展建设

2019年12月19日,第28届中国金鸡百花电影节开幕式在福建省厦门市正式拉开帷幕,组委会宣布了未来十年的金鸡百花电影节都将在厦门举办。中国金鸡百花奖是中国电影的最高奖项,如此盛大的文艺盛宴将在未来十年对厦门的文艺产生更大的影响和作用。正是在如此和谐且充满机遇的文化环境中,军营村赶上了自己文化发展上的机遇。在2019年11月21日中午,中国电影家协会老中青三代文艺工作者来厦门参加第28届中国金鸡百花电影节,在中国电影家协会的分党组书记、驻会副主席张宏的主持下召开围绕习近平总书记关于推进中国电影事业发展的重要指示精神开展学习座谈。随后,在中国电影家协会主席陈道明先生等人的带领下,黄晓明、姚晨、杜江等文艺工作者来到军营村,文艺工作者下基层的行动,有助于文艺工作者感受生活,在基层中提取最鲜活感人的素材故事。文艺工作者唯有将自己投入生活、深入生活的细节,将自己与人民群众紧紧联系在一起,才能够创造出人民大众喜闻乐见的高质量文艺作品。

文艺工作者们到军营村参观学习,不仅对文艺工作者本身具有好处,而且为军营村带来了旅游发展的机遇。军营村的景点以及军营村的故事,通过报纸、媒体的传播,将会让更多的人关注到美丽厦门的小宝藏——军营村。农村地区对于电影、电视剧文化产业的关注度自然不如城市地区，但中国电影家协会成员的到来，不仅给军营村的村民们带来了旅游契机，还带来了学习契机。老一辈村民通过与文艺工作者交流能够对中国电影与电视剧文化产业产生兴趣、好奇心。尽管文艺工作者们离开了村庄，但那短暂的停留所带来的好奇感，终将成为当地村民关注中国文化产业的一个契机。村庄内还有许多年轻人，尤其是正在学习的孩子，在经历过文艺工作者下基层这样的活动后，或多或少会产生好奇与追问，而这正是文艺工作者到来所起到的积极影响。文艺工作者们重走习近平总书记当年走过的"初心路"，感受军营村发展的历程，深化自己的学习成果，同时还助力军营村乡村旅游事业的发展。在中国金鸡百花电影节举办期间，有不少从全国各地来厦门参与电影盛会的人慕名到军营村进行参观学习。在中国金鸡百花电影节结束后，依旧有不少从全国各地慕名而来的游客来到军营村，重走习近平总书记曾经走过的道路。

2020年11月18日，军营村的褒歌广场迎来了一次特别的电影放映会。在第33届中国电影金鸡奖户外展映文化周同安站，军营村开展了以"脱贫攻坚，幸福小康生活"为主题的户外电影展映活动。军营村因金鸡百花电影节落户厦门而与电影文化产业结缘，并尝试设置高山影视基地，利用高山独特的地形以及美丽的风景为影视拍摄提供合适的取景地。影视基地的设置构想一定能够给军营村带来新的发展窗口，希望未来影视基地建设完毕后能够开辟适当的参观场馆，让更多对影视文化感兴趣的游客们进行参观学习。影视基地未来也可以设置一些露天电影展映活动,为村庄里的孩子提供了解中国当下文化产业的学习机会,不仅如此,还可以丰富村民的晚间娱乐文化生活。

第六章

展望未来——军营村的文旅活化策略

第一节　高山特色文化基地的打造

一、设立高山学堂，实现红色资源共享

在我国，红色文化属于特有的一种文化资源，各个地域都有着自身独特的文化底蕴和历史印记，任何一个拥有红色文化内涵的地区都潜藏着自己独特的地方奥秘，有着与众不同的地方文化、乡土文化，它们与红色文化相结合，共同构成了当地的文化资源。可以说，红色文化不仅是中国共产党领导下的中国人民在长期的革命、建改、实践的积累中共同创造的财富，也是近百年来中国共产党领导中国人民进行革命与建设的精神根基和民族意志的体现，是极其宝贵的精神财富。

位于高山上的防空哨所、高山党校、七彩池、光明顶等特色景点已然成了军营村独有的红色文化资源。但是，新时代的红色文化具有新的内涵，同时也需要新的传播方式，在红色文化中注入地方文化元素是其中重要的传播形式之一。[1] 地方文化有其固有的地域局限性，以其特有的历史印记为

---

[1] 樊凤龙. 井冈山乡土文化融入红色文化路径研究［J］. 江西社会科学，2020（5）：233-239.

纽带，组成形式多样、传承性强的各种特色文化。而如何把红色文化资源利用好、把红色文化传统发扬好、把红色文化基因传承好，使旧居旧址成为激活红色文化基因的生动课堂，是进行军营村红色文化传播的关键所在。

据不完全统计，当前国内的主题红色教育基地多达308个，每个基地内都有其相应的学堂建设。例如，福建作为一个具有浓厚红色文化底蕴的省份，有着以"红色小上海"之称的长汀、红九军团长征出发地中复村，以及有着古田会议精神的古田遗址等，每处红色遗迹都是开展红色学堂建设的基础。

从军营村发展的现状来看，军营村已经具备一定的旅游基础，但是规模较小，还没有形成完整的系统，发展业态多以农家乐为主，缺乏一定的层次性和影响力。而高山学堂的设立正是基于扩大乡村影响力而提出的设想。学堂窗外，一边是郁郁葱葱的茶园靓色，一边是错落有致的民宿小景，宽敞整洁的村道和耸立的小楼既是村民生活富足的体现，也能够让外来游客拥有独特的高山记忆。

为了更全面地挖掘村内的红色教育资源，对于高山学堂的规划和建设工作力求从三个部分展开：①依托古建筑，打造特色学堂。根据古建筑特点进行改造，形成具有军营村独特风格的、具有传播力的讲学空间，赋予特色讲学堂以合适的使用功能，更好地服务本地居民和外来游客。②引入社会资本，多元发展。可通过政府前期工作，完善军营村的基础设施，如开设红色教育展厅、开启红色讲坛等，在此基础上引入社会资本，形成良性互动，更好地实现军营村的振兴计划。③文创参与，丰富讲学服务。结合军营村自身的特点以及一些具有代表性的红色标志,设计一系列的文创产品,为讲学服务增添乐趣与活力。

此外,为深化党校红色资源的开发与研究,政府可在学堂内部组织成立军营村红色文化资源研究办公室。收集资料整理档案,做好红色文化的资料传承和保存;做好发展规划,统筹红色文化资源的合理开发利用。其次,可以在初心使命馆的基础上成立红色革命老区乡村红色党史文化馆,收集军营村的红色故事、英雄事迹等,作为传承红色文化、凝聚乡镇力量以及提高乡镇文化的交流站。这不仅能够保护红色文化也能提升红色老区的革命精神氛围,还可以作为公共平台提高军营村整体文化水平,促进军营村的文化事业发展,给当地村民营造更多的文化生活空间。

二、搜寻红色印记,共享红色故事

自 2016 年 4 月 7 日厦门市委党校、同安区委党校在高山两村设立教学点以来,军营村成了厦门市为数不多的红色教育基地之一,它不仅是福建省首次在边远山村设立的党校教学点,同时也是厦门市同安区"两学一做"学习教育基地。为了使高山党校教学点成为效果持久的"补钙"基地,党校干部着力教育和引导各党员在对比今昔"看变化"中传承精神,在现场体验"接地气"中感悟作风,在融入百姓"共屋檐"中增进感情。

为更好地传承红色基因,保护红色文化,开展主题教育是必不可少的途径之一。福建省南安市就以"讲述红色故事,传播红色能量"为主题,充分挖掘红色资源,通过开展红色文化教育宣传活动,打造红色文化根植地,编写红色文化图书,设计红色旅游产品等方式,宣扬当地红色故事,坚持理想信念,为建设新同安注入了强大的"红色力量"。

而说起高山上的军营村,人人都会谈起古村落历久弥新的厚重以及清晨的畅快呼吸,高山上的每寸土地都足以让人流连忘返。但事实上,最美的风景无外乎是军营村的故事、军营村中的人。作为军营村的党员干部,高家四代人始终牢记习近平总书记的谆谆教诲,于他们而言,他们的使命就是以担当为笔、以汗水为墨、以真情为砚,在海拔千米左右的高山上,一笔一画描绘出高素质、高颜值的现代化最美乡村,他们展现出了特区人民公仆践行初心使命的应有作为。如今,宣扬他们的故事是回归初心,是珍惜现在,更是为了警醒未来。在村中组建红色历史宣讲团是扩大宣传力度的有效途径之一,可以充分利用高泉国旧居、高山党校、初心使命馆等平台讲述村内优秀党员的事迹,深入学习党员先锋的精神品质。

三、创新讲学模式,共谋红色发展

日前,军营村致力于对本地居民实施讲学计划的研究,但是在讲学规划上,光进行理论学习远远不够。要做到旅游强村,除了当地民众在思想文化上保护和传承红色精神的意识要强之外,通过实践带领外来宾客领略当地红色精神的活动也是必不可少的。其具体实施途径可分为以下两个方面：①可以通过各种纪念活动或者设立文化节活跃全村的红色文化传承氛围，定期在高山学堂内开展主题活动、主题演讲，开展"红色微讲堂"，充分发挥村内优秀党员的引领作用，以党建带动团建，以此提升党团组织活力；②在高山学堂内可开设党员书吧，设立高山读书会，沟通内外，共建共享。一系列讲学活动需以"党团互动、导人育己、共同进步"为基本目标，依托讲堂优势，在广大团员中讲价值引导，讲形势政策，讲热点解读，根据时事变化，不断更新讲学内容，与时俱进，打造红色主题日。讲学计划中"红色微讲堂"的创设可有效打破党课、团课单一的讲授方式，采取集中讲授、实践教育、网络学习的方式，在村中拓展国内教育基地，在室内成立党小组、团小组，前者以提高自身能力、增强自身活力为学习目标，后者则以培养学习者正确的价值观、科学的态度和创新精神为目标。村内党员作为主要力量，应激发他们的主体意识，让他们通过潜心研究、集中备课、前期试讲、登台授课等形式，将党史党章学习和时事热点讨论活动落到实处，帮助学习者牢记社会主义核心价值观。

为突出党性修养，重视道德品质，还应在宣扬红色文化的同时传承美德，由此可打造与"红色微讲堂"相辅相成的"道德微讲堂"。所谓春风化雨，德润心田，军营村可采用"一看、一诵、一唱、一讲、一学、一送"的形式，将党性教育和德育内容贯穿到"六个一"的环节中，潜移默化地提升党员干部的党性修养和道德修为。

环节一，看一部红色经典影片，牢记党的艰苦奋斗历史。定期在道德讲堂安排大家观看《大阅兵》《建党伟业》《太行山上》等红色经典影片。老党员干部们观看后，结合他们曾经的事迹告诫年轻党员们要牢记初心，不忘建党建国的艰辛历程。

环节二，诵一篇道德经典，汲取文化营养。大家共同诵读《道德经》《弟子规》等道德经典，感受中华民族传统美德中蕴含的巨大力量。《道德经》中的"上善若水，水善利万物而不争。处众人之所恶，故几于道"，《淮南子》中的"君子求诸己，小人求诸人""正身直行，众邪自息"等是大家经常要诵读品评的经典语句。

环节三，唱一首经典红歌，提升团队精气神。在红歌声中回味激情燃烧的岁月，激发爱党、爱国热情。以《团结就是力量》《没有共产党就没有新中国》为例，通过这些歌曲的传唱，进一步让大家体会组织团结、民族团结、国家团结的重要意义，增强作为共产党员的光荣感和使命感。让年轻党员从中感受我们党走向胜利的原因，鼓励年轻党员经常温习党史，不忘初心，牢记承诺，做合格党员。

环节四，讲一个身边故事，传递社会正能量。围绕"不忘初心""敬老爱老""文明奉献"等主题，以"身边人讲身边事、身边人讲自己事、身边事教身边人"的形式讲述社会公德、职业道德、家庭美德和个人品德，学习身边看得见、学得到的平民英雄和凡人善举。这样一种形式的故事分享相比原来的会议传达与集中学习更富有感染力。

环节五，学一项文明礼仪，提升文明素质。利用道德讲堂，有针对性地开展文明礼仪培训。由专业人士现场传授文明礼仪，规范大家的言行举止。对工作人员着重进行文明礼仪、文明用语的培训,以便在开展旅游服务工作中,言行更加得体。对村内住户主要是文明习惯的培养,让大家认识各类文明行为、文明习惯的重要意义。这类文明培训对保持村中环境整洁起到了一定的作用,同时又利于邻里之间的交流。

环节六,送一些祝福,表达内心关注。重要节日,将大家聚集到道德讲堂,以写书法、写对联、写祝愿的形式对实现中国梦、落实"四个扎扎实实"表达祝福,向村民们送去吉祥。大家可一同座谈,回顾党的历史,畅谈乡村振兴战略开展以来村中的变化。

第二节　开发研学基地，助力红色精神传承

随着时代的发展与社会的进步，要在继承革命文化的基础上，发展社会主义先进文化，更好地构筑中国精神。红色文化是构筑中国精神的新途径，在教育部等 11 个部门出台《关于推进中小学生研学旅行的意见》（教基一〔2016〕8 号），红色文化被纳入我国中小学校教育教学计划之中。红色文化有着极为丰厚的革命历史和文化底蕴，以一种新的教育形态出现在学校教育教学中，特别适合中小学生学习和研究。在"立德树人"教育宗旨的引导下，将中小学生的课程学习与红色研学有机结合，让中小学生在红色文化研学的探究活动中了解红色文化的历史背景与意义，能够塑造中小学生高尚的精神品格，培养他们的爱国主义精神。[1]

一、发掘军营精神，打造特色营地

传承红色基因，不仅要讲好红色故事，更要有效促进红色资源价值转化，增强新时代的红色文化自信。

---

[1] 田阳敏. 有效开展红色研学综合实践活动的教育实践[J]. 辽宁教育，2020,（7）：29-31.

当前，对文化资源的开发已经成为新时代我国经济发展的新增长点。社会效益是红色文化的生命力，产业化、市场化是红色旅游必然的发展趋势。创新是红色文化发展的重要动力，要维系红色文化品牌的高知名度，持续创新是必需的。出于学校及学生群体对爱国主义教育的迫切需求，以及社会上对红色文化旅游的需求，这些因素必然给予所有红色文化建设单位以持续创新建设的动力，军营村亦是其中之一。军营村具有独特地理位置和文化产业上的优势，结合当地历史和地方特色，扩大红色文化发展空间，打造特色营地是其红色教育产业发展的另一途径。

研学旅游项目的开发是军营村产业拓展的必然趋势。尊重历史，体现革命传统教育和爱国主义教育是军营村特色营地打造的第一要义，以人为本、寓教于乐，精心策划红色研学旅游线路，兼顾红色文化研学旅游的参与性、趣味性，突出当地文化特色和历史内涵，使红色文化产业和旅游产业有机结合。

研学基地多是中小学生开展研学的现场。红色研学基地的研学现场一般包括遗址类、民俗类、堂馆类和自然风光类现场。军营村悠久的历史文化和相当数量的红色遗址是研学基地建设及其周边多种类型研学现场开发的重要依据。目前，军营村既有朱熹"半亩方塘"的遗址石刻、高山哨所与红色旅游国防教育基地，也有体现红色文化渊源的初心使命馆。所以在打造红色研学基地时，可将基地建设的着力点或路径放在两大主题上：红色研学和智慧研学。

军营村研学基地具体可从以下几处旧址展开：

1. 防空哨所"战地古堡"

军营村防空哨所建立在西部山巅,之前是一个由石头砌成的碉堡,经过修葺后,一跃而成红色教育基地,登临哨所,不仅可以领略群山风光、军营之风,还能感受一下高射大炮的威武。

2. 高山党校

军营村高山党校于2016年成立。自党校挂牌成立以来,已经成为厦门市党员干部加强党政锻炼不可多得的教育基地。

3. 七彩池

军营村七彩池素来便有闽南小九寨的美誉,七彩池池底土壤中含有钙、镁、铜等矿物质,再加上阳光的折射,池水便呈现出不同的颜色,吸引了众多游客前来观赏,七彩池更是成为享誉厦门的山水景区。因此,来到军营村,若是不到七彩池环游一周,那就是枉来一趟。

此外,在营地开发方面,军营村目前已经形成茶叶采摘、制茶体验、番茄采摘、蓝莓采摘、地瓜采摘等农事采摘体验活动,尤其受亲子型旅游者的喜爱,体验茶叶种植、加工和包装既能够体验农事劳动又能够增长传统茶文化知识、农作物知识与农业生产知识,受到广大家长好评。学生们还可以到清澈见底的水库垂钓,然后去军营村体验农村生活和民俗文化,吃地道的农村风味美食,品尝高山有机食品独特的"高山的味道"。这一系列农事活动为打造特色营地打下了良好基础,可以组成高山特有的研学训练营,拟包含军事训练、快乐营会、农事体验和清新垂钓四个部分。其中,军事训练是为契合青少年身心发展特点的军事训练体系,目的是帮助学生行为习惯的养成，通过行为习惯规范达到内在性渗透，最终让学生身心合一、知行合一，想到、说到、做到、做好；快乐营会的设定意在让学生快乐学习，快乐学习符合孩子的天性，每天丰富多彩的营会红色教育活动，可为学生营造快乐、轻松的学习氛围；农事体验重在指导学生从劳动中感受不一样的乡村生活，了解相关农业知识，拓宽学生眼界，帮助学生形成珍惜粮食、热爱劳动的意识；清新垂钓则是意图让学生在学习垂钓、体验垂钓乐趣的同时培养学生的耐心、信心，促进学生综合素质等全面提升。训练营不只是单纯的营地，更是家长、老师、孩子、营地环境等相互关系的一种微型社会动态。

此外，在军营村周边也有着丰富的红色资源，可对红色资源进行划分，可分三个层面入手进行梳理和挖掘，即精神层面资源、物质层面资源和拓展层面资源。在深挖红色资源的同时结合教育教学的需要，研发"住一次农家乐、听一个红色故事、做一次农活、学唱一首红歌、上一堂党课、纵览一次高山景点、观看一场红色露天剧场、举行一次篝火晚会"等特色教学活动，使军营村化身为最接地气的教育培训基地。

二、制定研学课程，融合学校教育

目前，研学课程的开发重在学科融合，采用研究性学习和项目学习建立的综合实践课程，基于此提出"3+N+2"的模式。

所谓"3"指的是基于三类文化形态而建构的三大课程模块，即中华优秀传统文化研学课程模块、中国革命文化研学课程模块和社会主义先进文化研学课程模块。军营村作为厦门特有的高山红色基地，在此类课程的开发与建设上占有一定的优势条件。此外，国家倡导研学旅行，"让广大中小学生在研学旅行中感受祖国大好河山，感受中华传统美德，感受革命光荣历史，感受改革开放伟大成就，增强对坚定'四个自信'的理解与认同，从而形成正确的世界观、人生观、价值观，培养他们成为德、智、体、美、劳全面发展的社会主义建设者和接班人"，从这一角度看，文化研学旅行课程是要在广义的文化领域中实现文化实践育人的任务，但是文化领域浩瀚复杂，中小学研学不可能全面呈现，因此需要有选择地建构课程，需要从文化内容到文化课程内容的选择性转化。

所谓"N"指的是多项主题项目式学习内容，基于项目的学习主要由内容、活动、情境和结果四大要素构成。因此，编制文化研学旅行课程的主题项目应从以下四方面考虑编制原则。

第一，注重学习内容的综合性与开放性。主题项目选取的学习内容应与学生现实生活、个人兴趣紧密联系，应是值得学生深度探究并有能力探究的知识，强调知识的完整性、系统性和跨学科融合。

第二，注重学习活动的挑战性和建构性。文化研学旅行课程强调研究性学习，因此在编制项目任务时，尤为重视在学习活动中培养学生解决问题的能力。这种探究活动应落脚在学生的"最近发展区"，为学生提供建构知识的时空。

第三，注重学习情境的真实性与具体化。学习情境指支撑学习活动，完成探究任务的环境。它有两种形态：①实体形态的物质环境，如文化遗迹、文化器物、文化复原场景等；②利用多媒体技术营造的虚拟环境，如运用虚拟现实技术（VR）创设的仿真模拟环境。编制主题项目时，应创设真实或拟真的具体学习情境。

第四，注重学习结果的多元呈现和过程评价。学习结果是学生在学习过程中或学习结束后所取得的成就，素质层面表现为所学会的知识、技能和解决问题的策略，物质形态表现为专题报告研究小论文和评价报告等。作为主题项目的设计者，编制项目必须把学习结果的呈现形式和评价标准放在重要的考量位置。

积极开发和实施研学课程是开发研学基地的必要举措。随着军营村高山党校的建设引领以及亲子旅游业的发展，到军营村开展党员教育的单位、学校和体验亲子农家乐的家庭越来越多，为研学旅行的孩子提供课程显得越来越迫切。为确保军营村红色研学基地建设的稳步推进，组建研学基地核心专家组和课程开发团队成了当前乡村振兴的主要任务之一。

所谓"2"指的是结合军营村自身地理条件的特点，可以将各特色课程模式与学段计划相结合，形成独具高山特色的课程模式。

首先，需要依靠课题组编写小学高年级、初中、高中三个学段的研学课程纲要，编写各个学段的实施方案，同时还要为研学者提供详尽的课程指南。研学课程指南的编排要求内容丰富多彩、图文并茂，既有研学活动设计，也有研学现场作业和线路作业。在开发课程的同时，还需要组织研学学校针对课程进行实施,在课程实施中若发现问题,及时加以修正。力求在红色研学活动中,逐渐形成了以"研学活动"为主线、以"体验性"为特征的分级递进式军营村红色研学模式。

其次,根据学生需要和学段特点,灵活采用专题教学、访谈教学、现场教学、体验教学、拓展教学等模式,如知识问答、学唱红歌、情景体验、抗战游戏、微电影拍摄、动手制作、专题讨论、实地调查、科学考察、小课题研究、汇报演出以及征文比赛等。当然,学段不同,采用的教学模式也会有所不同。根据其他区域的研学实践表明,这些丰富多彩的研学形式很受学生欢迎。

最后,为了规范中小学研学行为,推进研学旅行有序开展,政府及教育局还应重视推选具有代表性的研学示范性学校。❶可优先选取10所学校为研学示范学校,其中,中学6所、小学4所。研学基地研学示范学校,既要看学校相关制度是否完善,又要看研学导师配备是否到位,还要看研学活动所取得的成效。

---

❶ 高明,肖发兆.镇域推进红色研学基地建设——以沂南县马牧池乡为例[J].现代教育,2018(2):10-12.

三、联动白交祠村，形成红色研学区域合作

军营村地处同安区莲花镇，该镇辖区内除了军营村，还有白交祠村、淡溪村等高山乡村。"高山军营村，云上白交祠"这一句话从几年前就俨然成为厦门和周边城市人们讨论的热点。近年来，军营村不断改善村居面貌，发展乡村旅游和特色产业，走出了一条具有自身特色的产业脱贫路、生态脱贫路，不仅变身为远近闻名的生态村、文明村，还成了农村基层治理和乡村振兴的样板。从发展现状来看，在军营村开发的同时，区镇政府也在同步规划，进行片区整体开发，尤其是白交祠村与军营村相邻，也已纳入高山乡村振兴的示范村项目，厦门旅游集团按照各级政府的要求，已经和白交祠村的合作社共同出资成立了厦门七彩白蛟乡村开发有限公司；并且采取共同发展的思路，由厦门旅游集团与军营村、白交祠村，三方共同出资成立厦门高山红教育有限公司，以便统一进行后续的高山党建培训学员接待和服务工作，以及延伸到白交祠村的整体规划、招商、设计、运营等工作，目前的模式做法兼顾各方利益，实现共赢发展，具有较强的复制性。

一直以来，军营村、白交祠村坚持党建引领，"五位一体"建设工作开展以来，在市区各级合力推进两村"五位一体"试点村建设，以农业发展、旅游发展和就地增收工作为抓手，大力推动两村经济发展，充分发挥组织优势，盘活各类资源，推进环境整治、开发乡村旅游、实施村企共建、促

进多元共治……全面实施两村振兴发展。如今，两村思路更清了，方向更明了，热情更高了，收入更多了，信心更足了，真正实现了党建强起来、产业旺起来、山村美起来、文化兴起来、百姓乐起来……选择相邻的军营村、白交祠村、小坪村以及通往该区域的村道沿线，或类似的工业化相对比较落后的其他村，作为区域研学模式开发的先行样板，逐步形成以点带面，用借鉴式的复制形式，扩展至全同安区的其他村落。

作为全市重点打造的岛外8条旅游动线之一，莲花镇推出了莲花高速出口——军营、白交祠动线，线路全长26千米、覆盖7个乡村。当前，军营村研学基地围绕军营精神的不同角度进行开发，也为更好地形成白交祠村、军营村之间的区域联动，故此，精心选择了6条线路，每条线路确立一个主题。这6条线路和主题分别是：①探访高泉国故居，重温习近平总书记走过的路，欣赏短片《难忘那双温暖的大手——高树林眼中的家和村庄》；②体验农事采摘劳动，寻觅高山农事乐趣；③漫步军营母亲河——九龙溪，感受高山特色风光；④在军营村褒歌广场领略当地特色歌舞风情；⑤登高山哨所，了解军营故事；⑥探访高山党校初心使命馆，感受军营红色印记以及人文情怀。

四、设计研学产品，重视军营村品牌的塑造

红色文化是中国共产党在革命、建设和改革中形成的宝贵精神财富。发展红色旅游、传承红色基因，是党和人民赋予我们的重大责任，是时代赋予我们的崇高使命。党的十八大以来，党中央高度重视保护利用红色资源，传承弘扬红色文化，在一系列政策的引导和支持下，全国多地掀起红色文化旅游的热潮。2020年，据国家旅游局公布的数据显示，全国红色文化旅游景区景点接待游客累计已达51.7亿人次[1]，其中以研学、访问、考察为主要消费目的的客群占据了绝大多数，由此可见，红色研学旅游产品已然在市场上展现出巨大的消费需求。

纵观红色研学旅游市场，由于红色研学旅游产品市场主体复杂，许多标准体系尚未形成，加上红色研学旅游产品中设计感的缺失及开发深度和广度的不足，出现种类单一、体验性项目缺乏等问题。现今，市场上红色研学旅游产品的开发设计也略有偏离目标市场主体需求的倾向。而且，由于我国的红色旅游资源多处于交通不便的偏远山区，很容易导致红色研学旅游活动的开展出现安全、交通等方面的问题。通常涉及研学产品，其主体对象多以学生为主，而学生群体最显著的问题就是年龄所带来的需求不同。所以，如何针对军营村红色旅游景区设计出具有地方特色且符合各年

---

[1] 中研网：2020红色旅游行业现状及发展前景分析。

龄阶层的红色研学旅游产品是个值得深思的问题。当前，可从军营村红色旅游景区类型入手，根据不同模式确定不同方案。一般而言，红色旅游景区可按产品内容类型分为纪念场馆型景区、红色生态型景区、红色民俗文化旅游型景区。

纪念场馆型景区的开发模式一般是原址观光模式，即依托革命旧址的历史文化及丰富的革命遗迹，建设成为以观光为主的旅游目的地。常见于历史价值较高，不适宜过多开发的文物或红色文化遗址，以遵义会议旧址国家AAAAA级景区为代表。遵义会议旧址5A景区位于贵州省遵义市老城红旗路80号，景区纪念馆内收藏有许多历史照片、资料以及革命先烈生前用过的物品，展示了长征从开始到结束的整个过程，具有丰富的红色教育资源，极具历史意义。尤其是景区附近还有红军总政治部旧址和红军街等景点，可进行资源整合，打造更完整、更丰富的红色旅游产品。就军营村而言，则可以从高泉国旧居入手，依托初心使命馆，整合相关资源。

红色生态景区的开发模式一般为"红绿结合"模式，即将红色文化精神融入生态旅游产品体系里面，实现"红色搭台、绿色唱戏"，增加红色旅游吸引力。多见于自然资源较好、生态环境优越的地区，以井冈山旅游风景区为代表。井冈山是国家5A级旅游景区、全国红色旅游景区、中国百家爱国主义教育示范基地等。井冈山在发展旅游业的过程中，以井冈山高知名度的红色景观为号召，整合了当地的自然山水等绿色景观资源吸引旅游者，有11大景区、76处景点、460多个景物景观，其中革命人文景观30多处，革命旧址遗迹100多处，井冈山被誉为"中国革命的摇篮"和"中华人民共和国的奠基石"。就军营村而言，虽然没有井冈山的知名度与众多资源，但可以因地制宜，结合自身优势开发资源，如以习近平总书记走过的路线为指引方向，结合当前倡导的绿色发展理念开发研学产品等。

红色民俗文化景区的开发模式一般为"红古结合"模式，即在文化兴旅的大环境下，充分挖掘与红色景区伴生的地方民俗文化、民族文化。以瑞金共和国摇篮景区为典型代表。瑞金共和国摇篮景区、国家5A级旅游景区、全国重点文物保护单位、全国爱国主义教育示范基地、全国红色旅游经典景区，由叶坪、红井、二苏大、中华苏维埃纪念园（南园和北园）、中央苏区军事文化博览园等景区组成。景区风景秀丽，基础设施完善，是全国旅游观光、培育爱国情感和民族精神的重要基地，是赣闽边际红色旅游集散中心。瑞金共和国摇篮景区，既保留"形体"的简朴，又展现出内涵的"身价"，旧址群、纪念园、博物馆各具特色，一处一诗，一步一景，是融参观、瞻仰、会议、休闲、度假为一体的理想场所。就军营村而言，可依托有限资源，开展无限建设，如高山党校及其学堂的建设，宣扬军营文化，开发具有军营特色的研学项目。❶

军营村作为厦门高山红色文化的中心，人文、历史、文化资源非常丰富，既有朱熹"半亩方塘"的遗址石刻，也有抗清名将郑成功的英雄事迹。

---

❶ 红色旅游与研学产品的"相处"之道：客群年龄和景区类型原来有这种关系？［EB/OL］. https://baijiahao.baidu.com/s?id=1653967161847220634&wfr=spider&for=pc

1. 朱熹"半亩方塘"的遗址石刻 ❶

"东周出孔丘,南宋有朱熹。中国古文化,泰山与武夷。"朱熹,是儒家思想的代表人物,与同安有着颇为深厚的渊源。绍兴十八年(1148年),朱熹高中进士,初登仕途受命接任同安县主簿,从此开始他的仕途生涯,为官以教养百姓为先务。任职期间,他走遍同安的角落,留下许多墨迹,如"郭岩隐安乐窝""同民安"石坊、同安区莲花镇的"安乐村""莲花山"以及朱熹在梅山寺后以朱砂在石壁上书写的"同山"二字等。随着近几年厦门市同安区文物普查工作的开展,文物普查员在军营村的一处山岭上又发现了"半亩方塘一鉴开,天光云影共徘徊……"的朱熹诗句石刻,尽管历经数百年风雨的侵蚀,但留下的石刻原诗和字迹却仍清晰可辨。朱熹诗句石刻的新发现,既让我们的文物工作者惊喜,又让军营村人引以为豪,这也让军营村蒙上了一层神秘的面纱。

同安,可以说是朱熹早年风华正茂、思想活跃的初仕之地,因他生性好游,也许石刻所在的岩石就是其游历山川之时用以歇息赏景、启发灵感的平台。相传数百年来,这一带的地貌基本没发生太大变化,池塘一直存在,也从未干涸。且在当地开山种茶的一位陈先生更道出,巨岩下的池塘有300多平方米(面积与半亩相差无几),他曾经清理过池塘,发现地底有个冒活水的泉眼,与朱熹诗中的"为有源头活水来"完美契合。

---

❶ 搜狐网. 红色旅游与研学产品的"相处"之道:客群年龄和景区类型原来有这种关系?〔EB/OL〕.(2019-12-26)〔2019-12-26〕. https://www.sohu.com/a/362925137_100237898. 摘自莲花镇军营村的博客:军营村"半亩方塘"与朱熹《观书有感》。

朱熹四处讲学，到过很多地方，几乎其所到之处都留有为了纪念他而用心保存下来的古迹。其中诸多建筑物和若干题刻，是经后人之手多次迁徙重建或仿造出来的。久而久之，孰真孰伪，往往因以讹传讹，混淆难辨。"半亩方塘"究竟取自何处？历史的真相在飞逝的时光中渐渐模糊，但是地处军营村"半亩方塘"的美丽景致依旧，等待着人们驻足此地，陶冶心性，净化身心。

2. 抗清名将郑成功的英雄事迹

厦门市同安区军营村名称的由来与民族英雄郑成功有着千丝万缕的关系，这一点在第一章已有介绍，军营村应充分挖掘其背后的故事，并以此作为吸引游客的文化资源。

此外，针对现阶段的研学旅行业态发展，业内人士均认为品牌塑造的重要性最高，通过IPA（Important-Performance Analysis，重现度-满意度分析）分析可见，品牌体系打造是目前军营村需要改进的重中之重。对此，第一，要优化产品质量，进一步完善课程体系，产品问题是目前整个研学旅行业态中具有普遍性的问题，集中体现在与中小学课本结合不深、教育性不足、系统性不够与研究性不到位等方面，而产品恰恰是整个业态的发展程度和发展质量的核心。就政府层面而言，应研究建立研学旅行产品标准，提高准入门槛，引导企业优化课程设置，提高产品质量。具体来说，可以从以下几方面入手：①在产品研发过程中要加强产教融合、校企合作，在研学旅行这一业态中，教育性与市场性是并行不悖的，政府应从宏观层面引导企业与学校深度合作，找到学校与市场的结合点，加强双方的信息共享，合力推动产品研发，兼顾研学旅行业态的市场性和公益性；②要提高产品投放门槛，明确产品质量标准，可以探索通过第三方评估的方式对研学旅行市场上的产品进行质量评估；③要引导企业结合地域特色，打造拳头产品，深挖本地的闽南文化、侨乡文化和学村文化，推出"人无我有"的特色产品。第二，要加强衍生品开发。要根据市场的需求，对IP形象和内容进一步优化和深化，拓宽衍生品的范畴，把区域旅游品牌形象做优、做活，可以探索通过与域内高校合作的形式，吸引高校师生参与到品牌开发打造、衍生品设计研发中来。第三，要探索推动研学品牌联盟，加强对辖区文化、教育、旅游资源的协同开发和打造，建立企业联盟和品牌联盟，对品牌进行联合促销，加强品牌的整体性。

第三节 文创产品的设计与打造

一、设计吉祥物周边文创产品

军营村尝试设计属于自己的吉祥物，以吉祥物为乡村主要代言的载体。2018年，军营村在厦门旅游集团的专业化运营策划中产生了几个军营村独特的 IP 与吉祥物设计，其中包括军营村 LOGO 设计、军营伯、番薯兄、莲花茶妹、美柿、小红球等形象设计。

对传统文化资源的转化，是乡村文化经济活化环节不可或缺的重要手段。可以看出，军营村仍有许多可被挖掘、可被开发的文化资源，如何将这方面的资源发挥出最大的效益，就需要对于文化资源的活化有着敏锐的触觉。在这一点上，北京故宫就在传统文化资源开发利用上做出了堪称典范的举措。如近年来十分火爆的北京故宫系列文创用品，就是时任北京故宫博物院院长的单霁翔看到我国台湾省台北故宫博物院推出的"朕知道了"和纸胶带大受好评后，敏锐地察觉到故宫文创产品的庞大市场，进而萌生了开发出独属于北京故宫博物院文化特色的文创产品的念头。时至今日，故宫系列的文创产品已经搭建起自己的文创商业版图和开放互动的产业链，设计了一系列的文具、装饰品、美妆用品，涉及当代年轻人生活的方方面面。可以说，故宫文创在以创新方式传承与发展北京故宫传统文化的同时，还能够使故宫这一具有历史积淀的古代建筑焕发生机，并且还大大地带动了当地的经济发展，可谓一举多得。

从此案例上看，对于具有诸多传统文化资源的军营村而言，积极寻求资源的活化手段就显得颇为关键。军营村完全可以效仿北京故宫博物院文创系列产品，依托线上、线下媒体与公众展开对话和互动，了解当代流行的文化元素，将乡村文化注入文创产品中，开创出独具军营村特色的品牌产品。同时，还可以依托线上多个平台展开营销宣传，提升知名度。这样一来，不仅对于军营村的传统文化有了积极的宣传，同时还能够带动军营村的经济发展，形成良性循环。军营村在这方面做出了诸多尝试。

2020年9月22日，军营村卡通形象代言人"高山家族"正式亮相。在设计吉祥物的基础上还可以尝试加大文创产品设计开发，如明信片设计、精致的手工艺品加工等。其中明信片的设计可以与其"观星摄影节"的相关内容进行联动开发，也可以进一步借助明信片对军营村的风光进行展示与宣传。同时，也可以学习其他知名景区的做法，设置一个专门的"时光漫递"邮寄区。游客们可以在该区域内对自己的明信片进行设计与书写，在军营村向自己或者亲戚朋友们寄出一张独特的明信片。军营村的吉祥物的设计可以作为一个文创中心，围绕这个中心展开其他文创产品周边的设计。例如，可以设置较为专业的文创体验馆，在馆内设置一个吉祥物周边文创产品的 DIY 制作。为体验者们提供印有线稿的帆布袋、帆布鞋等，体验者们可以在线稿的基础上进行上色，最后将自己制作的具有军营村记忆的文创产品带回去作为留念，为自己的旅途留下独特且美好的记忆。

目前，在厦门旅游集团的运营策划下，对军营村特色农产品包装设计，包括番薯包装、茶叶包装、番茄包装等进行了一系列设计，军营村文创产品系列如军营茶杯、卫浴五件套等已经设计完成。

二、开设军营村文创体验馆

IP 品牌的打造需要文创活动的不断深入。文创体验馆的设立有助于军营村的文化 IP 以更加自觉、自然的方式融入游客们的旅途中。文创产品方面的提升不仅可以体现在设计可出售的现成文创产品，还可以设计半成品供游客体验，甚至还可以打造完全由游客自己动手的手工作坊，让游客们加入文创设计之中，自己动手制作可以带走的军营村文创产品。如平潭县北港文创村的手工作坊种类繁多，如扎染手工坊、首饰制作工坊、绘画工坊等。北港村的"时光驿站手工坊"是"石头会唱歌"艺术聚落里的一个手工体验作坊，作坊内主要开设几个手工小课程提供给游客，如"蓝眼泪"首饰制作课程、"手工马克杯垫"制作课程、"贝壳风铃"制作课程以及"彩绘石头""彩绘钥匙扣"制作课程等，游客们可以在这里自己制作具有平潭特色的文创小物。这些文创小物或多或少具有平潭县的特色，军营村同样可以就自身特色设置相关的手工小物制作课程。在"石头会唱歌"艺术聚落中还有一个"海萤·画舍"，在画舍中有专业的指导老师指导游客们作画，即便是零基础的顾客也可以画出一幅好看的"蓝眼泪"。除了画平潭的特色"蓝眼泪"之外，还可以画自画像、宠物像等，画完的画由游客带走作为纪念。军营村的高山风景极佳，同样可以往彩绘类的手工艺作坊方向发展，也可以制作精美的皮具等。

打造类似的文创小物，可以与厦门的学院学校合作，邀请大学生们一起共同参与手工作坊的开设与运营，给学生们提供文创实践的基地以及大学生创新创业的机会。至于手工的内容，也不必局限于军营村的特色内容进行开设。文创体验馆内同样可以开设一些具有其他地方特色的手工艺品制作工坊供游客参观学习与制作，在小小的文创园内实现文化交流与创作。

三、挖掘高山晚间娱乐新内涵

军营村远离市区，拥有不同于繁华市区的静谧与安逸，离开了市区的游乐设备与游乐场所，人们可以在乡村静谧的环境中寻求释放压力的出口，但高山地区的晚间娱乐活动较少，除了欣赏星空、聆听草间虫鸣等贴近自然的休闲活动，还应该多多借助自身的文化资源进行适当的开发与展示。

军营村的褒歌广场是村民们举办文艺晚会的场所。褒歌广场建有一面别有韵味的褒歌广场景墙，这面景墙的设计人员与手绘艺人在对当地的褒歌文化以及当地的茶产业等有了了解以后，在熟悉当地文化特点的情况下，决定在竹编的簸箕上设计手绘图画。竹编簸箕在当地是村民们用来晒茶的工具，有着军营村独特的茶文化。

通过设计人员的精心设计、晾晒以及补漆等工作，簸箕上的图画呈现出鲜艳明亮的样子。广场上的竹编簸箕上既有图画又有歌词，最大的一面簸箕上用红色的字体写着："莲花褒歌是一种流传于厦门市北部山区以及毗邻的安溪、长泰山区的传统民歌形式。莲花褒歌起源于 16 世纪中叶，由当地劳动人民在从事生产劳动过程中即兴创作。具有浓郁的乡土生活气息，内容涉及山区人民生活生产、情感精神的方方面面。歌词一般四句押韵，多以男女互相问答对唱的方式进行，体现了人与自然的和谐美"。这面最大的竹编簸箕立在褒歌广场上，介绍莲花褒歌文化，让更多前来参观学习的人了解莲花褒歌文化。同时，大簸箕边上分布着错落有致的小簸箕，或以鲜艳的图画展现莲花褒歌文化；或书写莲花褒歌的歌词，让参观者可以以此感受歌词的节奏以及歌词所描绘的关于山民们生活、劳动的场景。

在军营村的"村晚"以及一些较大的活动上可以见到褒歌演出的影子，但平时并不常见。褒歌表演时间的固定化将为游客提供充实的高山晚间活动，同时也在表演过程中充分展现军营村的褒歌文化。张艺谋的"印象系列"与杨丽萍的"映象系列"都致力于打造实景演出与地方特色文化相结合的舞台作品。通过视觉效果的传达，更加形象生动地向各地的游客传达当地文化与民俗特色。张艺谋在接受采访时曾提到"印象系列"与迪士尼品牌的不同之处，他认为"每个地方都有不可重复的艺术人文景观、时代风貌,因此印象系列既是复制,也是创新,这是它和迪士尼不一样的地方"❶。的确,每个地方都有每个地方自己的特殊人文历史与景观,如何将人文历史与地方民俗、地方文化很好地结合起来是最关键的问题。无论是"印象系列"还是"映象系列",在演出过程中,都将给当地带来更多的就业机会与发展可能。《印象·大红袍》是以武夷山为背景的山水实景演出,向观众展示武夷山的"山水茶"文化。《印象·大红袍》在演出中展示了武夷山的茶历史以及制茶工艺等,借助这样的视觉展示来诉说武夷山的文化。军营村与武夷山一样具有高山茶田的优势,可以借助茶田文化发展一系列的生态文化旅游。但同样面临一个问题,就是晚间娱乐较少。武夷山借助《印象·大红袍》山水实景演出给游客们提供了一个舒适惬意的晚间文娱放松方式,让人们用轻松愉快的方式感受武夷山的历史与特色文化。军营村目前同样面临晚间娱乐开发的问题,而褒歌的固定化演出则能够改善这个问题,为来到高山的游客们提供一个晚间休闲的方式,同时还能够在观赏演出的过程中感受军营村的特色褒歌文化,了解褒歌文化的美丽之处。

---

❶ 印象大红袍:https://baijiahao.baidu.com/s?id=/6362884044777/7652.

四、打造军营村节日文化

（一）"村晚"面向社会开放

军营村褒歌广场是军营村村民们举行文娱活动的重要场所，随着村庄经济的发展，村民们的生活水平越来越高，对于文化娱乐活动也提出了更高的要求。军营村的村民们会自己编排属于自己的"村晚"，以此来表达自己热爱家乡、赞美家乡的感情。2020年1月19日，中央电视台中文国际频道《传奇中国节·春节》栏目组来到军营村，和当地村民们一起感受热热闹闹的"村晚"。当地村民们唱起了《请茶歌》，并且为来客们送上当地特产——莲花高山茶。通过电视媒体的传播，全国乃至世界各地的人们都可以通过电视媒体了解军营村的褒歌文化以及其茶产业特色。伴随着《请茶歌》的韵律，乡亲们跳起了"拍胸舞"。拍胸舞最初发源于福建泉州，是闽南地区传统的民间舞蹈。拍胸舞在闽南人民的生活中是很常见的，在民间的迎神赛会以及婚丧嫁娶等活动中都可以看到。这种传统的民间舞蹈，保留了闽越舞蹈的粗犷与热情。舞蹈表演者头上所戴的草环就暗含着古闽越族的图腾信仰文化。这种草环是将一条红色的布条混合稻草一起编织成条，然后将其围成圈，在草环的接头处留出一段10厘米至20厘米的草条，将其塑造成翘起的类似于蛇头的形状。这是因为古闽越族崇拜的是蛇图腾，而草环的形状恰似一条蛇盘绕于舞蹈表演者的头顶,可见其依旧保留着古闽越族对于图腾祭拜舞蹈的敬重。"拍胸舞"的市级文化传承者黄呆先生介绍了"打七响"口诀:一响二响,身体健康;三响四响,恭喜发财;五响六响七响,好运旺旺来。由此可见其舞蹈中所带有的淳朴的祝福。❶ 不仅如此,在褒歌文化的陶冶下,军营村还创作出属于自己村庄的村歌《山路弯弯》,用歌声表达自己对家乡的热爱,歌颂新时代下村庄的飞速发展——"青山披锦绣,旧厝换新房";肯定村民多年来为脱贫致富所做出的努力——"同描远景图,迎来新气象"。在这样的发展之路上,军营村村民虽然是从弯弯的山路中走出来的,却在这个发展过程中越走越自信,越走越坦荡,正如军营村村歌中所唱的那样——"弯弯山路,越走越坦荡"。这样的表演内容承载着军营村的精神文化,给人以独特的美的体验。❷

军营村"村晚"是村民们的重要文娱活动,村民们整理自己过去一年的收获,同时将自己对家乡的热爱、对来年生活的期盼等悉数倾注于活动之中。"村晚"是军营村文化的重要体现,其举办可以邀请游客加入观赏,以舞台表演的形式向游客们展现军营村文化。

---

❶ 央视网.传奇中国节·点赞我家乡,福建厦门:"千面之城"现代与传统交织之美[EB/OL].（2020-01-24）[2020-01-24].http://tv.cctv.com/2020/01/24/VIDECL3LZ0xozNzY28kTVctp200124.shtml.

❷ 同安生活网.太好听了！同安军营村出村歌了,家家户户都传唱……[EB/OL].（2017-09-03）[2017-09-03].https://m.sohu.com/a/169292197_99960755/.

（二）品茗节与采茶节

茶田种植、制茶等一直以来就是军营村的特色产业。中国茶有着悠久的历史文化，福建人更是酷爱喝茶，饮茶是福建人民日常生活的一部分。

军营村地处高山，凭借其得天独厚的茶叶种植环境，一直以来以茶叶为主要的特产经营。对于军营村内的高山村民来讲，饮茶是一种茶余饭后的娱乐活动，又或者说是一种人际交往活动。村民们常常在庭院中泡上一壶茶，约上几个邻居好友，一起在庭院内饮茶闲谈。现如今军营村的旅游业发展得越来越好，吸引越来越多的人前来参观学习。村内来来往往的人变多了。一些村民将自家种的茶叶焙好装袋，摆放在自家门口进行出售。若是遇到游客前来询问，热情的村民一定会邀请对方到庭院中小坐一会儿，将自己的茶叶泡与他饮，若是对方满意茶的口感味道，离开的时候便会带上一些；若是遇到没有购买的游客，村民们也不会将此记挂在心上，因为热情好客、善于言谈一直以来是闽南人的特点，村民们希望得到的是顾客对自己手艺的称赞。

军营村茶叶的名声渐渐大起来了，许多茶文化爱好者对军营村的饮茶文化也越发感兴趣。2018年厦门第十四届科学文化普及周嘉年华联系了军营村，一起举办这一年一度的科学文化盛宴。由此军营村可以寻求到一个突破口，尝试打造以高山莲花茶为主角的"采茶节"与"品茗节"。"采茶节"可以策划类似基地体验的活动，开辟一小块茶田供游客采茶、再将自己采摘的新鲜茶叶制成成品茶叶，感受制茶的每一道工序，同时还能品味到自己的劳动成果。"品茗节"相较于"采茶节"而言，少了体验，但却是集中宣传军营村茶叶难得的好机会。"品茗节"应该把重点放在茶艺的交流与茶叶的品尝上，同时可以邀请相关行业的专家学者前来开设茶文化讲座，吸引茶文化爱好者前来参观交流。借助新媒体的力量，通过发布活动视频、宣传纪录片等形式展现军营村茶文化之美，同时可以借助相关文章的发布对军营村茶文化做更加细致的介绍。

目前，军营村已经开展了"高山文化节"的活动。2020年10月31日，"2020厦门（莲花）高山茶文化节"在厦门海拔最高的军营村、白交祠村正式启动。在厦门市高山茶品牌展示区，军营村、白交祠村、淡溪村等周边7个高山乡村都对自己村庄质量上乘的茶叶品种进行了展示。军营村还以"企业+基地+村民"的方式发展茶叶产业，设计推出"青山枞-绿水茗"等具有高山特色的茶叶品牌。军营村党支部副书记苏海亭表示，军营村还将推出"种茶扶贫三十四周年纪念茶礼"以及配套的"厦门高山茶文化地图"，通过茶叶让更多的游客了解军营村的茶和军营村的历史文化。❶莲花高山茶产业园提升项目的实践是军营村"高山文化节"的一次突破性创新。高山茶产业园主要展示厦门高山茶产业发展成果，在这个以观光为主的产业园内，游客们不仅能够了解到高山茶产业的发展历程，还能了解到茶产业的发展是如何带动高山乡村脱贫致富的过程。在欣赏高山茶园美

---

❶ 朱道衡. 高山茶文化节在同安启动 将推出亲子采茶、茶园瑜伽等配套旅游产品［EB/OL］.（2020-11-02）［2020-11-02］. https://www.360kuai.com/pc/9b5a82af9daa4a916?cota=3&kuai_so=1&sign=360_57c3bbd1&refer_scene=so_1.

景的同时，体会其发展的不易。不仅如此，产业园还设置了以茶圣陆羽为蓝本的中国传统制茶工艺的体验课程，尽可能满足游客们的实践需求。

在开办"高山文化节"的同时，主办方推出了厦门茶山做茶人－亲子旅游产品以及茶园瑜伽－体育旅游产品。这些旅游产品的推出，实际上还能够与主题民宿的设置进行联动开发，将军营村的文化旅游形成一个完整的闭环结构，实现环环相扣的成熟的产业链模式。

参考文献

[1] 张水源."通洋裕国"与闽中北的对外开放[J].闽商文化研究，2018（1）：54-58

[2] 古诗文网.宋史·卷三百四十·列传第九十九[EB/OL].（2018-05-23）[2018-12-12].https://www.diyifanwen.com/guoxue/songshi/1852330942018523342 88589_8.html.

[3] 厦门同安军营村旅游网.同安军营村防空哨所（战地古堡）简介，关于军营村防空哨所的事迹[EB/OL].（2019-07-02）[2019-07-02].http：//www.wanxm.cn/article-30-1. html.

[4] 庄昭，张慧.看，最美同安军营村有个永远"年轻"的老党员[EB/OL].（2019-05-11）[2019-05-11].https://baijiahao.baidu.com/s?id=1633234694104468153.

[5] 铭亮展陈.高山党校初心使命馆 VR[EB/OL].（2020-03-10）[2020-03-10].https://720yun.com/t/70vku7ibzfl?scene_id=41151261.

[6] 厦门同安城事.军营村获评中国最美休闲乡村[EB/OL].（2015-10-15）[2015-10-15].http：//www.365ta.com/thread-267436-1-1.html.

［7］黄祖辉.准确把握中国乡村振兴战略［J］.中国农村经济，2018（4）：2-12.

［8］孟祥锋.努力在深入学习贯彻习近平新时代中国特色社会主义思想上作表率［N］.人民日报，2019-07-08（11）.

［9］马怀德.国家监察体制改革的重要意义和主要任务［J］.国家行政学院学报，2016（6）：15-21.

［10］中央党校采访实录编辑室.习近平在厦门［M］.北京：中共中央党校出版社，2020.

［11］卢漳华.引领村民脱贫致富的"牛头"：追记厦门市同安区莲花镇军营村原党支部书记高泉阳［EB/OL］.（2020-04-06）https://news.xmnn.cn/xmnn/2020/04/06/100700093.shtml.

［12］王晓易.鸡鸭散养变圈养 老人洗澡有奖励——厦门同安区军营村共同缔造美丽乡村见闻［EB/OL］.（2013-11-27）［2013-11-27］.https://www.163.com/money/article/9EN7VFF500254TI5.html.

［13］刘玮.军营村白交祠村精准扶贫精准脱贫：穷乡绣壤致富路［EB/OL］.（2017-09-02）［2017-09-02］.https://www.sohu.com/a/169098592_99960755.

［14］杨珊珊.高求来：高山上的不老松［EB/OL］.（2019-08-28）［2019-08-28］.http://fjnews.fjsen.com/2019-08-28/content_22656181.htm.

［15］沈立.农业供给侧结构性改革背景下的福建茶叶产业转型升级研究［J］.福建茶叶，2020（10）：5-6.

［16］张琛，赵昶，孔祥智.农民专业合作社的再联合［J］.西北农林科技大学学报（社会科学版），2019（3）：96-103.

［17］康晨远.抱团发展 行稳致远 谱写茶产业新篇章——安徽省宣城市泾县兰香茶营销专业合作社联合社发展纪实［J］.中国农民合作社，2019（7）：46-47.

［18］邬龄盛.武夷山市茶产业科技特派员工作探析［J］.台湾农业探索，2011（4）：69-71.

［19］聂昆.基于乡村旅游的观光茶园规划设计思路与策略［J］.福建茶叶，2019（4）：74-75.

［20］黄锐东.昌宁县茶文化旅游产品开发策略研究［D］.昆明：云南大学，2018.

［21］吴浩.农产品区域品牌建设路径研究［D］.成都：西南财经大学，2019.

［22］中华人民共和国农业部.农业部关于公布全国一村一品示范村镇名单的通知［EB/OL］.（2011-09-20）［2011-09-20］.http://www.moa.gov.cn/nybgb/2011/djiuq/201805/t20180522_6142805.htm.

［23］朱黄.众明星"代言"同安地瓜 陈道明、吴京、姚晨等文艺工作者走访军营村［EB/OL］.（2019-11-22）［2019-11-22］. http://www.taihainet.com/news/xmnews/szjj/2019-11-22/2329765.html.

［24］张继力，杜雁，高翅.夜空公园：演变、实践与启示［J］.中国园林，2020（1）：60-64.

［25］周昆.城市星空 青岛城市星光公园［J］.走向世界，2014（7）：78-83.

［26］钟建华.安溪县"八社"传统婚俗的文化透视［J］.漳州师范学院学报（哲学社会科学版），2013（4）：6-12.

［27］钟建华.闽南传统婚俗及其仪式歌的交互研究——以安溪县"八社"为考察地［J］.河北北方学院学报（社会科学版），2015（1）：33-38.

［28］黄晓珍.闽南"普度"的文化功能与性状［J］.龙岩学院学报，2014（6）：92-96.

［29］唐锦锋.闽南民间祭祀文化初探［J］.长春师范大学学报，2019（5）：16-20.

［30］许国红.莲花褒歌研究［J］.中国音乐，2015（1）：212-216.

［31］许佩晖.论闽南莲花褒歌的艺术特点与保护传承［J］.闽南师范大学学报（哲学社会科学版），2014（2）：13-16.

［32］吴亚玲."褒歌"音乐文化的社会功能及历史流变［J］.重庆科技学院学报（社会科学版），2016（12）：71-73.

［33］郑镛.论闽南民间寺庙的艺术特色［J］.华侨大学学报（哲学社会科学版），2008（4）：78-87.

［34］陈少牧.试析泉州寺庙建筑的闽南文化特征［C］//福建省炎黄文化研究会.中华文化与地域文化研究：福建省炎黄文化研究会20年论文选集：第三卷.福州：鹭江出版社,2011:243-247.

［35］宋丽.关于民宿在乡村旅游中的地位和作用研究［J］.商讯，2019(22)：135-136.

[36] 教基厅函〔2018〕84号,教育部办公厅关于公布2018年全国中小学生研学实践教育基地、营地名单的通知[Z].

[37] 韩旭.让红色文化传承与绿色经济发展有效融合[J].人民论坛,2018(29):86-87

[38] 翁远新,吴友林.龙岩:保护传承好红色文化[J].人民政坛,2020(6):12-13.

[39] 章贤星.传扬红土芬芳 南平市政协积极建言红色教育基地建设纪实[J].政协天地,2020(10):46-47.

[40] 宋丽.关于民宿在乡村旅游中的地位和作用研究[J].商讯,2019(22):135-136.

[41] 樊凤龙.井冈山乡土文化融入红色文化路径研究[J].江西社会科学,2020(5):233-239.

[42] 胡婧.井冈山红色旅游发展中红色文化对外传播的现状及其对策研究[J].品味·经典,2020(3):64-65.

[43] 邢丹.打造家门口的"红色学堂"——哈尔滨市南岗区花园街道党工委 探索社区党校"1+4+N"工作模式一瞥[J].党的生活(黑龙江)2018(10):32.

[44] 谭人殊.浅析当代艺术视野下的本土乡村公共建筑营造——记华宁县碗窑村陶文化展览馆设计[J].艺术教育,2017(1):216-217.

[45] 何崴.巧借与体宜,乡村美学堂与琴舍[J].设计,2019(6):13-19.

[46] 朱海斌,侯路瑶.乡村振兴战略背景下红色文化资源的开发与利用——以广西龙州县为例[J].现代商贸工业,2020(24):30-31.

[47] 田阳敏.有效开展红色研学综合实践活动的教育实践[J].辽宁教育，2020（7）：29-31.

[48] 高明，肖发兆.镇域推进红色研学基地建设——以沂南县马牧池乡为例[J].现代教育，2018（2）：10-12.

[49] 黄广宇."红色文化"品牌建设的思考——以广州农讲所旧址"新时代红色文化讲堂"系列活动为例[J].中国民族博览，2020（6）：56-59.

[50] 郑知廷.全域旅游视角下的乡镇"五位一体"发展机制研究——以杭州市淳安县威坪镇为例[D].杭州：浙江工商大学，2018.

[51] 陈倪.乡村振兴战略视域下农村优良家风建设研究[D].赣州：江西理工大学，2020.

后 记

  高山军营村的蜕变，是中国乡村振兴的美丽缩影。厦门市同安区莲花镇军营村，从道路不通的高山村到如今文化产品云集、各色产业竞相亮相，实现了多元跨越和质的飞跃。20世纪80年代改革开放之初的军营村是同安县有名的高山贫困村，山地贫瘠，道路不通，茶业种植不成气候，村民辛苦劳作却依旧无法摆脱贫困的境地，这其实并非军营村的困境，这也是全中国数以千计的贫困村所遭遇的共同困局。时任厦门市常委、副市长的习近平同志在走访调研高山军营村的贫困状况后，因地制宜地提出的"多种茶、多种树，发展第三产业早日脱贫致富"的改革发展思路，在政府的关怀和帮助以及几任村干部的共同努力之下，军营村走上了可持续的生态发展之路。路通了，山绿了，茶产业红红火火，村民的生活水平显著提高，这也成为日后山村脱贫的重要思路——"山上戴帽，山下开发"，遵循着这条发展思路的军营人，走出了自己稳健的步伐。

  如今的军营村，交通便利，文旅产业发展如火如荼，红色文化和党校教育相得益彰，在新时代乡村振兴的浪潮下，军营村高山特色茶产业、特色乡村民宿旅游、特色农业产业链陆续发力，军营村村民的生活水平显著提高，莲花高山茶、高山民宿、红色教育基地、非遗民俗莲花褒歌等不同的关键词都与这个曾经的高山贫困村相关联，多元繁荣的军营村展现了新时代新农村的风貌，这是政策创新、思路创新以及发展创新的力量。近年来，军营村依旧在不断打开新的乡村旅游体验空间、红色文化叙事空间以及非遗文化的传递空间，这些新的尝试和努力都为"魅力军营"增添新的气象，也让我们更加期待。

感谢为本书的最终成型付出辛勤的肖家豪、李湘怡、李璐彦、杨溢雯、吴笑淼以及王鑫雨同学，让我们得以看到这融汇历史与巨变的军营村，透过军营村的发展历程，也让我们共同见证中国社会主义新时代乡村振兴的进行时。

吴 琼

写于集美大学乡村振兴研究院